SINN UND FORM

BEITRÄGE ZUR LITERATUR

HERAUSGEGEBEN VON DER
AKADEMIE DER KÜNSTE

63. JAHR / 2011 / 4. HEFT
Juli / August

SINN UND FORM

Redaktion: Postfach 210250, 10502 Berlin, Akademie der Künste, Hanseatenweg 10, 10557 Berlin, Tel. 030/20057-2220, -2221 oder -2222, Fax 030/20057-2223, E-Mail sinnform@adk.de, www.sinn-und-form.de. ISBN 978-3-943297-00-3. ISSN 0037-5756. Anzeigenverwaltung: Agentur Hanne Knickmann, Schilbachweg 8, 64287 Darmstadt, Tel. 06151/967 16-80, Fax -82, www.kulturzeitschriften.net. Gesamtherstellung: tableau GmbH, Greifswalder Straße 9, 10405 Berlin. Printed in Germany. Bei unverlangt eingesandten Manuskripten ohne beiliegendes Porto keine Rücksendung. Beurteilungen werden nicht gegeben. Auf den Textseiten erscheinen keine Literaturangaben und Anmerkungen. Nachdruck eines Beitrages während der gesetzlichen Schutzfrist nur mit Genehmigung der Redaktion. Die Zeitschrift erscheint zweimonatlich. Jahresbezugspreis einschließlich Versand 39,90 € (Inland)und 50 € (Ausland). Einzelheft 9 €. Vorzugsabonnement für Schüler und Studenten 30 €

Bestellungen von Abonnements und Einzelheften: tableau, Greifswalder Straße 9, 10405 Berlin, Tel. 030/4236606, Fax 030/42850078, E-Mail tableau@t-online.de. Zuschriften, die den Inhalt betreffen, sind an die Redaktion, solche, die den Bezug angehen, an die Firma tableau zu richten. Das Abonnement kann spätestens sechs Wochen vor Ablauf des Bezugsjahres gekündigt werden. Die Kundennummer ist unbedingt anzugeben. Eine Bestätigung erfolgt nicht.

INHALTSVERZEICHNIS

DETLEV SCHÖTTKER

»GEFÄHRLICH LEBEN!«

Zum Briefwechsel zwischen Ernst Jünger und Dolf Sternberger

Seit ihrer ersten Begegnung in Paris 1941 stand die Korrespondenz zwischen Ernst Jünger und Dolf Sternberger im Zeichen von Einvernehmen und Verschwiegenheit. Einvernehmen herrschte darüber, intellektuell unabhängig zu bleiben, obwohl beide in Institutionen tätig waren, die von den Nationalsozialisten kontrolliert wurden. Verschwiegenheit war Voraussetzung, um die verbleibenden Spielräume, ob in Wehrmacht oder Presse, nutzen zu können. Während der 45jährige Jünger seit Erscheinen seines Romans »Auf den Marmorklippen« im Jahr 1939 über seine Verehrer in soldatischen Kreisen hinaus auch eine Leserschaft gefunden hatte, die dem Nationalsozialismus ablehnend gegenüberstand, versuchte der zwölf Jahre jüngere Sternberger als Redakteur der »Frankfurter Zeitung«, bürgerliche Tugenden im Feuilleton zu bewahren. Zugleich hielt er Kontakt zu Vertretern der jüdischen und linken Intelligenz wie Hannah Arendt und Walter Benjamin, die 1933 emigriert waren und im Juni 1940, nach dem Einmarsch der deutschen Truppen in Frankreich, aus Paris fliehen mußten. Über die äußeren Bedingungen ihrer Tätigkeit verlieren die Briefpartner kein Wort, so daß ihre Korrespondenz auf den ersten Blick nur Unverfängliches enthält. Schaut man genauer hin, erweist sie sich geradezu als Paradebeispiel für die Möglichkeiten und Grenzen, unter den Bedingungen nationalsozialistischer Herrschaft abweichende Auffassungen mitzuteilen. »Gärten und Straßen«, Jüngers Tagebuch der Jahre 1939 und 1940, das mit einer Notiz über die Arbeit an den »Marmorklippen« beginnt, war die Basis der Verständigung, der Roman selbst, in dem Jünger durch allegorische Darstellung unterschwellig Kritik an der nationalsozialistischen Gewaltherrschaft übte, der Bezugspunkt. Sternberger hat diese, von Jünger selbst heruntergespielte Deutung 1980 zur These eines Essays gemacht und dabei den lange unterbrochenen Kontakt wieder intensiviert.

I

Kennengelernt hatten sich beide im Oktober 1941 im Pariser Hotel »George V«. Dorthin lud Hans Speidel, von 1940 bis 1942 Chef des Generalstabs beim Militärbefehlshaber in Frankreich, regelmäßig Offiziere und Gäste zum Abendessen ein. Jünger war als Vertrauter Speidels ständiger Teilnehmer der sogenannten

»Georgsrunde«, zu der auch Sternberger gebeten wurde. Anlaß war dessen Vortrag »Das glückliche und das gefährliche Leben« im Deutschen Institut in Paris. Der Text erschien im Dezember 1941 in zwei Teilen in der »Frankfurter Zeitung« und gehört zu jenen Essays, die Sternberger neben seinen tagesjournalistischen Beiträgen seit Ende der zwanziger Jahre in Zeitungen und Zeitschriften veröffentlichte. Die meisten wurden später in überarbeiteter Form in verschiedene Auswahlbände sowie in die zwölfbändige Ausgabe seiner »Schriften« (1977–96) aufgenommen.

Über die näheren Umstände des Vortrags berichtete Sternberger 1988 aus Anlaß des Wiederabdrucks im neunten Band der »Schriften«. Demnach reiste er, da er – auch wegen seiner jüdischen Ehefrau – über keinen Paß verfügte, auf Einladung des Pariser Korrespondenten der »Frankfurter Zeitung« mit einem zeitlich begrenzten Militärausweis in die französische Hauptstadt. Das Deutsche Institut, das den Vortrag organisierte, hatte offiziell die Aufgabe, Kulturpropaganda zu betreiben, doch entzog sich Sternberger dieser Erwartung. Vielmehr verglich er die französische Glücksauffassung mit dem heroischen Lebensideal der Deutschen, ohne eine Wertung vorzunehmen. Aber auch dieser Vergleich bildete nur den Rahmen für Überlegungen zu einer Existenzform, für die er den Begriff des »tragischen Helden« verwendete. Es ging allerdings nicht um darstellende Kunst, sondern um das politische Verhalten eines bestimmten Typus, zu dem Sternberger mit Bezug auf Nietzsches »Fröhliche Wissenschaft« schreibt: »Darum sucht er die Gefahr auf. Darum heißt die berühmte Parole, von der Nietzsche sagt, sie sei das Geheimnis, die größte Fruchtbarkeit vom Dasein einzuernten: ›Gefährlich leben!‹ Vivere pericolosamente – so ist es ja die Parole des Faschismus geworden. Dieses Wort kann in der Tat als Motto jenes modernen tragischen Heroismus, dieses absoluten Heroismus gelten, dessen Kronzeuge Friedrich Nietzsche ist« (Schriften IX, S. 87f.).

Es ist anzunehmen, daß Sternberger frühere Arbeiten Jüngers kannte, in denen er Überlegungen zum Leben in der Gefahr entwickelt hatte. So heißt es in »Der Kampf als inneres Erlebnis« von 1922: »Mut zu besitzen, das heißt: jedem Schicksal gewachsen zu sein.« Vermutlich aber orientierte sich Sternberger in erster Linie an der Haltung der beiden Romanhelden in den »Marmorklippen«, einem Brüderpaar, das Ähnlichkeiten mit dem Autor und seinem Bruder Friedrich Georg aufweist. Wie diese setzten auch die Protagonisten des Romans ihre gemeinsame Arbeit als Natur- und Sprachforscher fort, als die Anhänger des »Oberförsters« das Land durch »Übergriffe und Gewalttätigkeiten« in Angst und Schrecken versetzten.

Das Brüderpaar des Romans erkundet zudem unter Lebensgefahr ein Haus, in dem ein einzelnes »Männlein« sein mörderisches Unwesen treibt. Die Schilde-

rung der sogenannten »Schinderhütte« bei Köppelsbleek bildet den Höhe- und Wendepunkt der »Marmorklippen«: »Auch an den Bäumen, die die Rodung säumten, bleichten die Totenköpfe, von denen mancher, dem in den Augenhöhlen schon Moos gewachsen war, mit dunklem Lächeln uns zu mustern schien. (...) Das Innere der Scheune lag fast im Dunkeln, und wir erkannten nur dicht am Eingang eine Schinderbank mit aufgespannter Haut. (...) Dann fiel der Schatten eines großen Vogels auf den Platz. Er rührte von einem Geier, der mit ausgezackten Schwingen auf das Kardenfeld herniederstieß. Erst als wir ihn bis an den roten Hals langsam im aufgewühlten Grunde schnäbeln sahen, erkannten wir, daß dort ein Männlein mit der Hacke am Werke war und daß der Vogel seine Arbeit begleitete, so wie der Raabe dem Pfluge folgt. (...) Zugleich trieb mit dem Winde ein zäher, schwerer und süßer Hauch der Verwesung an, der uns bis in das Mark der Knochen erzittern ließ.«
Sternberger hat diese Szenerie in seinem Essay von 1980 als Allegorie auf die Konzentrationslager gedeutet, die Jünger in »prophetischer Phantasie« vorweggenommen habe. Zum Zeitpunkt der Veröffentlichung des Romans aber war das Quälen und Töten politischer Gegner in Kerkern und Lagern längst Bestandteil des nationalsozialistischen Terrors. Auf die nachfolgende Passage spielt der Titel von Sternbergers Beitrag »Eine Muse konnte nicht schweigen« an. Hier liefert Jünger nicht nur ein Bild der Diktatur als säkularisierter Hölle, sondern schildert zugleich die Reaktionen Betroffener: »Das sind die Keller, darauf die stolzen Schlösser der Tyrannis sich erheben und über denen man die Wohlgerüche ihrer Feste sich kräuseln sieht: Stankhöhlen grauenhafter Sorte, darinnen auf alle Ewigkeit verworfenes Gelichter sich an der Schändung der Menschenwürde und Menschenfreiheit schauerlich ergötzt. Dann schweigen die Musen, und die Wahrheit beginnt zu flackern wie eine Leuchte in böser Wetterluft. Da sieht man die Schwachen schon weichen, wenn kaum die ersten Nebel brauen, doch selbst die Kriegerkaste beginnt zu zagen, wenn sie das Larvengelichter aus den Niederungen auf die Bastionen emporgestiegen sieht. So kommt es, daß Kriegsmut auf dieser Welt im zweiten Treffen steht; und nur die höchsten, die mit uns leben, dringen bis in den Sitz des Schreckens ein. Sie wissen, daß alle diese Bilder ja nur in unserem Herzen leben, und schreiten als durch vorgestellte Spiegelungen durch sie in stolze Siegestore ein.«
Jünger lieferte hier vermutlich eine Erläuterung für seine Existenz im Dritten Reich, in der sich auch Sternberger wiedererkennen konnte. Den Mitgliedern der »Georgsrunde« war dessen distanzierte Haltung zum Nationalsozialismus offenbar bekannt, sonst wäre die Einladung an ihn kaum erfolgt. Denn bei den Essen, auf die ausgiebige Trinkgelage folgten (vgl. Brief 4), wurde nicht nur

über Kunst und Literatur gesprochen, sondern auch über die Unwägbarkeiten der deutschen Kriegs- und Besatzungspolitik sowie die Gegensätze zwischen Militär- und Parteiapparat. Jünger hat darüber in seinem Pariser Tagebuch immer wieder Andeutungen gemacht und unter dem 1. November 1941 über das Zusammentreffen mit Sternberger berichtet: »Abends im George V., wo an der Tafelrunde auch Nebel und Sternberger als Gäste teilnehmen. Dieser letztere, mir durch seine Aufsätze bereits bekannt, erschien zunächst blasiert, gebeugt und teilnahmslos, wachte dann aber auf seltsame Weise auf, vom Wein und vom Gespräch wie durch ein Elixier belebt.«

Offenbar konnte Sternberger die Vorbehalte des von ihm verehrten Autors nicht gänzlich ausräumen, da Jünger die Aufzeichnung in die »Strahlungen« von 1949 übernahm (sie wurde erst in späteren Ausgaben getilgt). Wie der erste Brief Sternbergers vom Dezember 1941 zeigt, hatte er Jünger noch ein zweites Mal bei der deutschen Kunstmäzenin Lilly von Schnitzler getroffen, die mit ihrem Mann bis 1944 in Paris lebte. Auch hier wurde über den Vortrag gesprochen, wie dem Hinweis auf die »Figur des Scheiternden« zu entnehmen ist (Brief 1). Sternberger übersandte Jünger dazu den Essay »Hohe See und Schiffbruch«, den er 1935 in der »Neuen Rundschau« veröffentlicht hatte. Hier geht es nicht nur um das Motiv des Scheiterns (das Sternberger im Nachdruck in den Schriften VI herausnahm), sondern auch um die »Idee des ›gefährlichen Lebens‹«, die naturgeschichtlich gedeutet wird. Damit hatte Sternberger die Maxime der »Marmorklippen« gleichsam vorweggenommen.

Eine direkte Diskussion wurde von den Korrespondenzpartnern natürlich vermieden. Beide kannten, wie mehrere Briefe zeigen, den Fall Gerhard Nebel, eines Vertrauten Jüngers, der nach einem Artikel in der »Neuen Rundschau« wegen einiger Formulierungen von Paris auf die Kanalinsel Alderney strafversetzt worden war (vgl. Brief 5). Statt dessen drehte sich der Briefwechsel um Eintragungen in Jüngers Buch »Gärten und Straßen«, die Sternberger in seinen Briefen kommentierte. Nachdem er bereits eines der ungebundenen Autorenexemplare erhalten hatte (Brief 2), verfaßte er gleich nach Erscheinen eine Besprechung, die am 16. März 1942 in der »Frankfurter Zeitung« erschien. Jünger las den Text noch am selben Tag, wie ein Eintrag im Pariser Tagebuch zeigt: »Am Abend kam Oberst Speidel in mein Zimmer; er brachte mir einen Aufsatz, den Sternberger in der ›Frankfurter‹ über mich schrieb«. Vom früheren Ressentiment ist hier nichts mehr zu spüren. In der Tat erweist sich Sternberger als guter Kenner von Jüngers Ästhetik: »Es geht hier nicht nur um Bilder, sondern um Urbilder. Im Zeitlichen sucht der Autor des Ewigen habhaft zu werden – oder vielmehr: sucht er ins Ewige hindurchzublicken, ewige Ordnungen oder Muster zu enthüllen« (Schriften VIII, S. 300).

Zwar finden sich vergleichbare Überlegungen auch in »Gärten und Straßen«, doch spielt Sternberger hier wohl auf Jüngers Idee der »stereoskopischen Wahrnehmung« an, auf die dieser zuvor in anderen Arbeiten eingegangen war: in den beiden Fassungen des »Abenteuerlichen Herzens« (1929 und 1938) und im »Sizilischen Brief an den Mann im Mond«, den Jünger in den von Sternberger ebenfalls erwähnten Essayband »Blätter und Steine« (1934) aufgenommen hatte. »Und doch«, so heißt es dort, »gilt unser höchstes Bestreben jenem stereoskopischen Blick, der die Dinge in ihrer geheimen ruhenden Körperlichkeit erfaßt«. Daß es dabei um die erwähnten »Urbilder« geht, zeigt eine Formulierung im »Abenteuerlichen Herzen«, wo (in der ersten wie in der veränderten zweiten Fassung) über den »stereoskopischen Genuß« zu lesen ist: »Es gibt an dieser Tafel keine Speise, in der nicht ein Körnchen vom Gewürz der Ewigkeit enthalten ist.«

II

Es ging in der Korrespondenz aber nicht nur um Bücher, Lektüreerfahrungen und Schreibmöglichkeiten, sondern auch um eine Frau, die beide Briefpartner gut kannten: Sophie Ravoux. Jünger lernte sie, folgt man den Angaben seines Pariser Tagebuchs, zehn Tage vor Sternbergers Vortrag kennen. Da sie Kontakte zur Résistance hatte, lebte Jünger tatsächlich gefährlich. Vermutlich wußte Sternberger davon zunächst nichts, als er von Jünger an seine frühere Studienfreundin erinnert wurde (Brief 2). Beide hatten sich in den späten zwanziger Jahren in Heidelberg kennengelernt, wo Sternberger Philosophie und Sophie unter ihrem Mädchennamen Koch Medizin studierte. Während er 1932 an der Universität Frankfurt mit einer Arbeit über das Todesproblem bei Heidegger promovierte, wurde sie Kinderärztin und emigrierte wegen ihrer jüdischen Herkunft vermutlich 1933 nach Paris.

Obwohl man Genaueres vermutlich erst sagen kann, wenn der bislang gesperrte Briefwechsel zwischen Jünger und Sophie Ravoux einsehbar ist (falls darin offen geredet wurde), erlauben die vorliegenden Fakten die Annahme, daß zwischen beiden eine Liebesbeziehung bestand. Noch wichtiger ist allerdings, daß Sophie Ravoux durch ihren Ehemann Paul und dessen Freund, den Schriftsteller Joseph Breitbach, den auch Jünger kannte, in Verbindung zur Résistance stand. Paul Ravoux hatte ab 1933 für eine französische Nachrichtenagentur in Berlin gearbeitet, war im November 1937 wegen seiner Berichterstattung ausgewiesen worden und hatte Sophie 1938 in Paris geheiratet. Zusammen mit Marcel Stora, der zeitweise bei der deutschsprachigen »Pariser Tageszeitung« tätig war und 1939 auch Texte Walter Benjamins ins Französische übertragen hatte, übersetzte er Hermann Rauschnings Buch »Die Revolution des Nihilismus«, das 1938 in der Schweiz erschienen war. Rauschning behandelt darin die Vorgeschichte des Nationalsozialismus und geht mehrfach auf Jüngers Buch »Der Arbeiter« ein, das er als eigenständiges, nicht als nationalsozialistisches Werk auffaßt.

Die Übersetzung erschien wenige Monate vor dem Einmarsch der deutschen Truppen in Frankreich im Pariser Verlag Gallimard. Kurz zuvor hatte Rauschning mit seinen 1939 auf Englisch und 1940 in Zürich auf Deutsch erschienenen »Gesprächen mit Hitler« international für Aufsehen gesorgt, weil die Kriegsziele der Nationalsozialisten hier offen ausgesprochen wurden. Zwar wurde die Authentizität der Äußerungen Hitlers von Historikern später angezweifelt, doch hatte das Buch enorme Wirkung, denn Rauschning war 1933 nationalsozialistischer Senatspräsident der Freien Stadt Danzig geworden und kannte Hitler gut. 1934 trat er allerdings von seinem Amt zurück und floh 1936 in die Schweiz, wo er die beiden Bücher schrieb, die bald in mehreren Auflagen große Verbreitung finden sollten.

Jünger dürfte mit Rauschnings Schriften, die er in seinen Tagebüchern nicht erwähnt, durch Sophie Ravoux bekannt geworden sein. Beide trafen sich zwischen Oktober 1941 und August 1944, als Jünger nach Deutschland zurückkehrte, regelmäßig, zeitweise sogar täglich. In Jüngers Pariser Tagebüchern taucht sie unter Namen und Bezeichnungen wie Charmille oder Doctoresse auf, die Tobias Wimbauer in seinem »Personenregister der Tagebücher Ernst Jüngers« als Tarnnamen entschlüsselt hat. Den Kontakt zwischen beiden stellte Joseph Breitbach her, der als 18jähriger Schüler den fünf Jahre älteren Ravoux Anfang der zwanziger Jahre in Koblenz kennengelernt hatte. Zwischen beiden gab es sexuelle Kontakte, die offenbar von Gewalt geprägt waren, wie aus Breitbachs Briefen an seinen Partner, den Maler Alexander Mohr, hervorgeht, weshalb er über Jahre hinweg schwere Vorwürfe gegen Ravoux erhob (Ich muß das Buch schreiben ... Briefe und Dokumente zu Joseph Breitbachs Roman »Die Wandlung der Susanne Dasseldorf«. Göttingen 2006, S. 63ff.). Durch die Résistance fanden beide wieder zusammen.

Jünger hatte Breitbach im November 1937 in Paris kennengelernt, wo dieser seit 1931 lebte, ohne einen französischen Paß zu besitzen. Nach einem Band mit Erzählungen erschien 1932 der Roman »Die Wandlung der Susanne Dasseldorf«, der in Deutschland wegen kommunistischer Tendenzen sowie der Darstellung homosexueller Liebe ein Jahr später verboten wurde. Dennoch blieb Breitbachs Bindung an Deutschland bestehen. So kritisierte er 1934 in einem Beitrag für die Pariser »Revue Hebdomadaire« die Bevorzugung deutscher Emigranten in französischen Verlagen und bemühte sich um Publikations-

möglichkeiten für diejenigen Autoren, die in Deutschland geblieben waren. Zu ihnen gehörte auch Jünger, den er brieflich zur Übersendung seiner Bücher an Verlage aufforderte, mit denen er in Kontakt stand (vgl. Jochen Meyer, Joseph Breitbach oder Die Höflichkeit des Erzählers. Marbach 2003, S. 21).
Als Jüngers Bücher »Das abenteuerliche Herz« und »Auf den Marmorklippen« 1942 bei Gallimard erschienen, war Breitbach allerdings nicht mehr in Paris. Wie die meisten Deutschen wurde er nach Kriegsbeginn interniert, meldete sich aber zur Fremdenlegion und arbeitete in deren Auftrag für einen französischen Nachrichtendienst in der Schweiz. Seit 1941 lebte er unter wechselnden Namen und Adressen in Marseille und kam 1942 nach Vichy, wo er von Paul Ravoux, der hier ebenfalls für einen Nachrichtendienst arbeitete, einen gefälschten Paß mit neuem Namen erhielt. In Vichy, wohin auch Sophie Ravoux im Mai 1942 reiste, wie Jünger in einem Brief an Sternberger mitteilt (Brief 9), befand sich seit Juli 1940 der Sitz der französischen Regierung, die von hier aus den unbesetzten Teil des Landes verwaltete.
Im Mai 1943 wurde Paul Ravoux von der Gestapo verhaftet und in ein Pariser Gefängnis verbracht, wie aus Eintragungen in Jüngers Pariser Tagebuch hervorgeht. Gleich darauf bemühte er sich um den »Gefangenen«, wie er hier genannt wird. Nach einem ersten Brief, den Jünger noch aus einem Fronturlaub in Kirchhorst schrieb, führte er Gespräche mit Max Hattingen, der im Pariser Generalstab die Abteilung für Kriegsgefangene leitete und im Tagebuch »der Präsident« genannt wird. Doch blieben die Interventionen ohne Erfolg, so daß Ravoux Ende 1943 ins Konzentrationslager Dachau deportiert wurde. Dort erlebte er die Befreiung des Lagers durch die Alliierten. Über seinen weiteren Lebensweg ist nichts bekannt. Er starb 1957. Zweimal, 1979 und 1987, besuchte Jünger zusammen mit Sophie Ravoux sein Grab auf dem Friedhof Montparnasse, wie Eintragungen im zweiten und dritten Band von »Siebzig verweht« zu entnehmen ist.
Sophie Ravoux hatte sich im Oktober 1941 auf Initiative von Breitbach mit Jünger in Verbindung gesetzt. Die Angaben im Pariser Tagebuch sowie spätere Hinweise in »Siebzig verweht« sind allerdings verwirrend. Anlaß der Kontaktaufnahme war offenbar eine Mitteilung Breitbachs an Sophie Ravoux, wonach die Gestapo in Paris einen Safe mit seinen Papieren, darunter auch Briefe Jüngers, beschlagnahmt hatte. In Jüngers Tagebuch vom 21. Oktober 1941 heißt es über einen Besuch von Sophie in seinem Hotel: »In Sachen des Panzerschrankes suchte mich die Doctoresse im ›Majestic‹ auf. Es handelt sich um Briefe, die ich 1936 von der Schweiz aus an Josef Breitbach geschrieben habe und die mit anderen Papieren in einem Banksafe beschlagnahmt, doch noch nicht eingesehen worden sind.«

Die Angaben sind mysteriös, weil Jünger 1936, soweit bekannt, nicht in der Schweiz war. Hätte er solche Briefe von seinem damaligen Wohnort Überlingen, wo er ab Dezember mit seinem Bruder lebte, über die nahe Grenze gebracht, wäre dies vermutlich lebensgefährlich gewesen. Die Schreiben selbst will Jünger verbrannt haben, nachdem sie, angeblich mit Hilfe von Hans Speidel, wieder in seinen Händen waren. Im dritten Band von »Siebzig verweht« zitiert er unter dem 9. Februar 1983 einen Brief an die Verfasserin einer (nicht erschienenen) Biographie über Breitbach: »Joseph Breitbach schrieb mir aus dem unbesetzten Frankreich nach Paris, daß in seinem Banksafe eine gefährliche Korrespondenz aufbewahrt sei, die ich vor dem Kriege aus der Schweiz mit ihm geführt hatte. Ich bat General Speidel, mir eine Vollmacht auszustellen, dank derer ich den Safe öffnen lassen konnte. Es versteht sich, daß die Briefe sofort verbrannt wurden.«

Ebenso mysteriös ist eine Eintragung in Jüngers Pariser Tagebuch vom 21. November 1941. Danach war Sophie Ravoux in den Vorgang einbezogen, denn hier heißt es mit Bezug auf einen Mann namens »Weber«, hinter dem sich nach Wimbauers »Personenregister« der Publizist Otfried Rademacher verbirgt: »Abends für eine halbe Stunde bei Weber, wo mir die Doctoresse über die Öffnung des Panzerschrankes berichtete.« In Jüngers späterem Briefwechsel mit Rademacher findet sich darüber nichts. Bis zur weiteren Klärung des Vorgangs wird man nur sagen können, daß Jünger hier entweder eine gefährliche Situation konstruiert oder unpräzise Angaben gemacht hat, um seine Einbindung in Aktivitäten der Résistance zu verschleiern.

Ob Sternberger jemals Kenntnis von diesen Vorgängen erhielt, ist unbekannt. Sein Briefwechsel mit Sophie Ravoux aus den siebziger und achtziger Jahren enthält keine Hinweise darauf. Vielleicht aber hat sie sich ihm mündlich offenbart. In einem Brief an Liselotte Jünger vom 9. März 1980, in dem er über das Wiedersehen mit Sophie Ravoux anläßlich der Verleihung der Ehrendoktorwürde an der Sorbonne berichtet, schreibt Sternberger mit Anspielung auf einen der Tarnnamen: »Inzwischen bin ich in Paris gewesen, war Zeuge – und Gegenstand – einer prächtigen Zeremonie und traf, außer gelehrten und literarischen Freunden (darunter Raymond Aron), auch Sophie Ravoux. Ich suchte sie in ihrer Wohnung auf, und wir aßen in der Nähe zusammen mit meinen Freunden Münchhausen zu Abend, die es sich zur Ehre anrechneten, die ›doctoresse‹ auf diese Weise kennenzulernen. (...) Es ist ein sonderbares Experiment, einen Menschen nach fünfzig Jahren wiederzutreffen. Sophie war ganz vertraulich und natürlich, es fiel ihr offenbar nicht schwer, und ihr Gedächtnis erwies sich als geradezu phänomenal.«

III

Der Brief ist Teil einer kleinen Korrespondenz, die Sternberger zwischen Januar und April 1980 mit Jüngers zweiter Ehefrau führte (abgedruckt wird hier das erste Schreiben vom 20. Januar, die anderen sind in den Kommentaren berücksichtigt). Anlaß war Sternbergers Bitte an Jünger, ihm Rezensionen zu den »Marmorklippen« zur Verfügung zu stellen, da er für eine Serie in der »Frankfurter Allgemeinen Zeitung« mit dem Titel »Romane von gestern, heute wiedergelesen« über das von ihm bewunderte Werk schreiben wollte. Jünger beauftragte daraufhin seine Frau, Sternberger zu helfen. Bereits 1973 hatte dieser den Kontakt wieder aufgenommen, doch blieb es zunächst bei der unverbindlichen Übersendung von Schriften, Respektsbekundungen und Informationen über Kontakte, die beide mit Sophie Ravoux hatten.
Ob Jünger über Sternbergers Schicksal nach 1942 informiert war, ist unbekannt, angesichts persönlicher Begegnungen zwischen beiden seit 1973 aber durchaus möglich. Zur Sprache kommt darüber in den Briefen nichts, obwohl auch Sternberger wegen seiner jüdischen Ehefrau und seiner publizistischen Tätigkeit gefährlich gelebt hatte. So konnten Claudia Kinkela und William Dodd in ihren Untersuchungen zur Sprache Sternbergers zeigen, daß dieser ab Mitte der dreißiger Jahre in seinen Beiträgen in der »Frankfurter Zeitung« durch Andeutungen, historische Vergleiche und Sprachanalysen indirekt Kritik am Nationalsozialismus übte. Diese Strategie kommt auch in seiner Besprechung von »Gärten und Straßen« zum Ausdruck, wo zu lesen ist, daß Jünger in Eintragungen zum Frankreich-Feldzug über »die Orte der Zerstörung, die Kriegsmaschinen, ja Kadaver und Leichen« berichte (wieder in Schriften VIII, S. 299).
Solche Andeutungen blieben der nationalsozialistischen Zensur natürlich nicht verborgen. Im Mai 1943, drei Monate bevor die »Frankfurter Zeitung« auf Anordnung der NS-Führung ihr Erscheinen einstellen mußte, wurde Sternberger aus der Redaktion entlassen. Zusammen mit seiner Frau verließ er daraufhin Frankfurt, arbeitete in einem Heidelberger Industrieunternehmen und erlebte das Ende des Krieges in einem Sanatorium in Baden-Baden, während sich seine Frau in einem Dorf im Taunus versteckt hielt. Im Gegensatz zu Jünger wurde er nach Kriegsende politisch aktiv und arbeitete in verschiedenen Organisationen mit den US-amerikanischen Besatzungsbehörden zusammen. In seiner publizistischen Tätigkeit rückte die Auseinandersetzung mit der Vergangenheit in den Mittelpunkt, nicht zuletzt in der Zeitschrift »Die Wandlung«, die Sternberger von 1945 bis 1948 zusammen mit Karl Jaspers, Werner Krauss und Alfred Weber herausgab.

Jetzt trennten sich die Wege der einstmals Verbündeten, weshalb Sternberger später auch Kritik an Jüngers Haltung übte. Anlaß war das Erscheinen des Tagebuchs »Jahre der Okkupation«, das an die »Strahlungen« anschließt und die Zeit von 1945 bis 1948 behandelt. Sternberger rezensierte das Buch 1958 in der von ihm herausgegebenen Zeitschrift »Die Gegenwart«. Über Jüngers Haltung zur Vergangenheit schreibt er: »Wo aber Erfahrungen eingearbeitet sind, die uns allen, als Einzelne wie als Nation, die Rede verschlagen und den Himmel geraubt haben, da läßt sich das Hochfahrende seiner metaphysischen Erwägungen und Vermutungen bisweilen kaum ertragen« (wieder in Schriften VIII, S. 305). Ebenso deutlich distanziert sich Sternberger von Jüngers Versuch, die NS-Bezüge in den »Marmorklippen« herunterzuspielen. Am 8. Mai 1945 hatte dieser notiert, »die Phantasie des Lesers« wirke in »solchen Zeiten« nicht selten »exegetisch« mit, und zwar »viel stärker als es der Autor« wünschen könne. Sternberger faßte dies wohl als Urteil gegen seine Leseerfahrung auf, über die er Jünger in Paris berichtet hatte, wie sein Brief vom 17. Januar 1980 zeigt: »Sie wissen, diese Lektüre war für mich – wie für viele – eine bedeutende, eine erschütternde Erfahrung, die bedeutendste literarische Erfahrung der Zeit des ›Dritten Reiches‹« (Brief 19).

Die Diskussion über die »Marmorklippen« wurde auch öffentlich geführt. Im Mittelpunkt stand die Frage, ob im Roman der Nationalsozialismus oder jede Form von politischer Gewaltherrschaft gemeint sei. Da sich Jünger dazu nie eindeutig äußerte, heizte er die Debatte zusätzlich an. Dies zeigen auch seine »Adnoten zu: ›Auf den Marmorklippen‹«, die er der 1973 bei Ullstein erschienenen Taschenbuchausgabe hinzufügte. Der Text beginnt ebenso suggestiv wie der Roman mit einem autobiographischen Bericht. Geschildert wird ein nächtlicher Besuch in jenem Haus in Überlingen, in dem Jünger mit der Niederschrift der »Marmorklippen« begann: »Ich war schon schlafen gegangen, als der Wagen sich mit abgeblendeten Lichtern dem Weinberg näherte. Nächtliche Besuche waren schon, wenn nicht unheimlich, so doch suspekt.« Wie sich herausstellte, waren es nicht Gestapo-Leute, deren Besuche Jünger seit 1937 zu fürchten hatte, nachdem Freunde wie Ernst Niekisch oder Rudolf Schlichter verhaftet worden waren, sondern Gesinnungsgenossen. Einer von ihnen habe zu den »später Hingerichteten« gehört. In der Figur des jungen Fürsten von Sunmyra hat der Vorgang Eingang in das 20. Kapitel des Romans gefunden, das an die Köppelsbleek-Episode anschließt.

Jünger hielt hier freilich nicht nur den Realitätsbezug in der Schwebe, sondern legte zugleich eine falsche Fährte. Denn zwischen dem nächtlichen Besucher und dem »Hingerichteten« bestand ein Unterschied, der ihm bekannt war, wie frühere Eintragungen im Pariser Tagebuch zeigen: Der Besucher war Heinrich von Trott zu Solz (1918–2000), der ab 1941 als Soldat in Rußland war und bis in die neunziger Jahre mit Jünger korrespondierte (vgl. Michaela Seul, Ein aufrechtes Leben. München 2007, S. 79ff.). Hingerichtet wurde hingegen dessen älterer Bruder Adam von Trott zu Solz (1909–1944), der ab 1940 im Auswärtigen Amt tätig war und wegen seiner Beteiligung an der Verschwörung vom 20. Juli zum Tode verurteilt wurde (er starb am 26. August in Plötzensee). Sternberger hat die Verwechslung erst in einer Fußnote zum Wiederabdruck des Essays in den »Schriften VIII« (1987) aufgeklärt. Wie in diesem Fall so bemühte er sich auch bei anderen im Roman genannten Personen und Orten, die historischen Vorbilder zu benennen, und trug dafür Informationen aus unterschiedlichen Quellen zusammen (Jüngers Sammlung von Rezensionen, Forschungsliteratur, Angaben des Instituts für Zeitgeschichte in München und Material des Deutschen Literaturarchivs in Marbach). Dahinter stand die Absicht, gegen Jüngers überzeitliche Deutung die eigene Leseerfahrung stark zu machen, die nun zum Generationserlebnis erhoben wird: »Die Lektüre erregte und bewegte uns außerordentlich. Es war ein Signal, das plötzlich aus der Düsternis aufschießt und die Gegend erhellt. Es bot Stärkung und wirkte als ein Mittel der Verständigung unter denen, die gegen Bedrohung oder Versuchung der Tyrannei sich festigten. Niemand unter den Lesern, die ich kannte, hat daran gezweifelt, daß in den Visionen dieser Erzählung die Erkenntnis unserer eigenen gegenwärtigen Lage ausgesprochen war. In Chiffren war unseren elenden Beherrschern das Urteil gesprochen.«

Jünger verweigerte dieser Deutung seine Anerkennung nicht, ging in seiner Antwort aber nur auf jenen Abschnitt ein, in dem Sternberger zu zeigen versuchte, daß die Publikation des Romans nicht nur eine Gefahr für Autor und Verlag bedeutete, sondern daß mit ihr auch ein raffiniertes Kalkül verbunden war. Denn mit dem möglichen Verbot des Buches hätte die NS-Führung ihre Terrorherrschaft unfreiwillig eingestanden. Sternberger schreibt: »So genoß der Verfasser der ›Marmorklippen‹ den Schutz ebenderjenigen Gewalt, welcher er das literarische Urteil sprach.« Jünger bestätigte die Auffassung im Juni 1980 nicht ohne Stolz: »Vor der Publikation der ›Marmorklippen‹ wußte jeder, der den Text kannte, daß damit um den Kopf gespielt wurde« (Brief 21). Daß Sternberger auf diese Zustimmung mit Zufriedenheit reagierte, ist nicht verwunderlich (Brief 22). Das Einvernehmen über die Maxime »Gefährlich leben!« steht damit nicht nur am Beginn, sondern auch am Ende dieser außergewöhnlichen Korrespondenz: »So haben wir uns doch verstanden und verständigt«.

ERNST JÜNGER, DOLF STERNBERGER

BRIEFWECHSEL 1941–42 UND 1973–80

Mit Kommentaren von Detlev Schöttker und Anja S. Hübner

1. Sternberger an Jünger, 15. Dezember 1941

Frankfurter Zeitung

Frankfurt am Main, 15.12.41.
Große Eschenheimer Straße 31–37

Sehr verehrter Herr Jünger,
ich weiß nicht, ob Sie sich noch an das Gespräch erinnern, das wir an jenem Abend bei Frau von Schnitzler miteinander hatten: mir ist es sehr bedeutsam gewesen, und darum habe ich auch manche Einzelheiten noch genau im Sinn. Zum Beispiel eine Bemerkung, die Sie über die Rolle der »gescheiterten Existenzen« machten. Das Wort wird ja gemeinhin im bürgerlichen Ton gesprochen, als ein Urteil, das Leute »in geordneten Verhältnissen« fällen. Gleichwohl hat es einen objektiven Sinn, bezeichnet ein wirkliches Phänomen, und ich glaube richtig gehört zu haben, daß Sie selbst ein scharf umrissenes Bild dabei vor Augen hatten. Nun ist es merkwürdig, daß zwar nicht die gescheiterte, wohl aber die scheiternde Existenz in einem gewissen modernen philosophischen Sprachgebrauch nicht bloß positiv, sondern geradezu emphatisch vorgeführt wird. (»Existenzphilosophie«.) Bei so hoher Rechtfertigung braucht sich auch eine tatsächlich gescheiterte Existenz in dieser Welt nicht unwohl zu fühlen, und sie tun es ja auch nicht.
Die Figur des Scheiternden hat ihre Naturgeschichte – und mir fiel an jenem Abend, als Sie das Stichwort sprachen, eine Arbeit ein, in der ich vor einigen Jahren versucht hatte, diese Naturgeschichte aufzuhellen. Ich glaube nicht unbescheiden zu sein, wenn ich mutmaße, daß Sie dieser Versuch interessieren könnte, und erlaube mir, Ihnen ein Exemplar zu schicken: vielleicht finden Sie eine Stunde Zeit zur Lektüre und vielleicht können Sie mir gelegentlich eine Zeile darüber schreiben, aus der ich sehen kann, ob meine Mutmaßung richtig gewesen ist.
Darf ich Sie bitten, den Herren vom »Georges V« meine Empfehlungen und Grüße zu übermitteln – dem Obersten Speidel, Herrn Grüninger und dem Grafen Podewils. Herr Nebel hat mir sein afrikanisches Büchlein geschickt, das mich sehr fesselt. – Ihnen selbst, verehrter Herr Jünger, die besten Grüße
Ihres ergebenen Dolf Sternberger

Frau von Schnitzler Die Bankierstochter und Kunstmäzenin Liselotte (Lilly) von Schnitzler (1889–1981) lebte mit ihrem Mann in Paris, unterstützte Max Beckmann und bemühte sich nach 1933 um Verbindungen zwischen den nationalsozialistischen Machthabern und kulturellen Kreisen. In seinem Pariser Tagebuch erwähnt Jünger spätere Besuche beim Ehepaar Schnitzler im Januar und April 1944 (vgl. SW 3, 214 und 253).
eine Arbeit, in der ich vor einigen Jahren Vermutlich der Essay »Hohe See und Schiffbruch. Verwandlungen einer Allegorie«, erschienen in: Die neue Rundschau 46 (1935), H. 8, S. 184–201.
Herren vom »Georges V« Teilnehmer einer Offiziersrunde, die General Hans Speidel (1897–1984) zum Abendessen ins Hotel »George V« eingeladen hatte, darunter der Ordonnanzoffizier Horst Grüninger (1900–1945), der Schriftsteller und Kriegsberichterstatter der Wehrmacht Clemens Graf Podewils (1905–1978) sowie der Lehrer und Schriftsteller Gerhard Nebel (1903–1974), der seit April 1941 als Dolmetscher im Stab der Pariser Luftflotte arbeitete. Vgl. den Einführungsbeitrag, Abschnitt I.
Gerhard Nebel … sein afrikanisches Büchlein Nebel unternahm 1938/39 eine Reise durch Ostafrika, die er im ersten Teil seines Buchs »Feuer und Wasser« (Hamburg 1939) unter der Überschrift »Ostafrika« verarbeitete. Mehrere Abschnitte daraus sind 1941 unter dem Titel »Vom Geist der Savanne« erschienen. Seit Ende der dreißiger Jahre stand Jünger mit Nebel in brieflichem und persönlichem Kontakt (vgl. Ernst Jünger / Gerhard Nebel, Briefe 1938–1974. Stuttgart 2003).

2. Jünger an Sternberger, 22. Dezember 1941

Ernst Jünger
Kirchhorst / über Hannover 22. XII. 1941.

Sehr geehrter Herr Sternberger,
Für die Übersendung Ihrer Studie sage ich Ihnen meinen besten Dank. Ich sende Ihnen das Exemplar, da es Ihr einziges ist, in diesen Tagen zurück. Ich stimme Ihren Ausführungen vollkommen zu: Gewisse Entscheidungen setzen heute die gescheiterte Existenz a priori voraus. Daß diese heute überhaupt die Regel bildet, habe ich nie bezweifelt, und Ihr Aufsatz gibt dazu eine gute Illustration.
Gestern sandte ich Ihnen eines der Exemplare des Vorabdruckes meines neuen Buches, das bereits eine interessante Geschichte hinter sich hat. Ich hoffe, daß es verständnisvolle Leser finden wird. Sie erhalten dann noch ein gebundenes Stück.
Ihren Gruß an die Inselrunde des George V werde ich übermitteln; ich fahre am 1. Januar des neuen Jahres dorthin zurück. Auch Ihnen soll ich Grüße bestellen, und zwar von einer sehr intelligenten Frau, mit der ich zuweilen plaudere, nämlich von Mdme. Ravoux, die Sie vielleicht nur unter ihrem Mädchennamen Sophie Koch kennen; sie hat in Heidelberg Medizin studiert.

Das Buch von Kusenberg, La Botiglia, von dem ich sprach, erschien im Rowohlt-Verlag.
Mit den besten Wünschen für das Jahr 1942
Ihr Ernst Jünger

Kirchhorst Jünger befand sich zu diesem Zeitpunkt auf Weihnachtsurlaub in seinem Wohnort bei Hannover.
Exemplare des Vorabdrucks meines neuen Buches Jüngers Buch »Gärten und Straßen. Aus den Tagebüchern von 1939 und 1940« erschien 1942 im Verlag E.S. Mittler & Sohn. Es gab im selben Jahr fünf Teilvorabdrucke (vgl. Horst Mühleisen, Bibliographie der Werke Ernst Jüngers. Stuttgart 1996, Nr. 461–465). Hier handelt es sich aber offenbar um eines der so genannten »Autorenstücke«, die Jünger zu Weihnachten 1941 vom Verlag bekam und an Freunde versandte (vgl. Ernst Jünger / Rudolf Schlichter, Briefe 1935–1955. Stuttgart 1997, S. 452). Sternberger spricht 1973 von einem »Vordruck« (Brief 12).
Mdme. Ravoux Sophie Ravoux, geb. Koch (1906–2001), Freundin Jüngers, mit der Sternberger als Student Kontakt hatte. Vgl. die Einführung, Abschnitt II.
Kusenberg, La Botiglia Das Buch von Kurt Kusenberg (1904–1983) erschien 1940 im Rowohlt Verlag unter dem Titel »La Botella und andere seltsame Geschichten«.

3. Sternberger an Jünger, Anfang Februar 1942

Frankfurter Zeitung — Frankfurt am Main, Februar 42
Große Eschenheimer Straße 31–37

Sehr verehrter Herr Jünger,
noch habe ich Ihnen von Herzen zu danken für das Geschenk der »Gärten und Straßen«, das rechtzeitig zu Weihnachten kam und mir eine sehr große Freude bereitet hat. Ihre freundlichen Wünsche für 1942 erwidere ich aufrichtig und gründlich. Jeder Tag in diesem Jahr wird von Bedeutung sein, und an jedem Tag wird es genau darauf ankommen, was wir denken und reden und tun.
Am Neujahrstag habe ich mit der Lektüre Ihres Tagebuches begonnen – übrigens mit einer lauten Lektüre (ich habe meiner Frau daraus vorgelesen). Ich fand sehr viele Notizen, die mich in einer ganz unmittelbaren Weise angingen. So die über die Frösche (9. April 39): die Wahrnehmung der seltsamen Menschenähnlichkeit dieser Wesen, namentlich wenn sie sich zum Sprunge recken oder gar aufrichten, liegt mir schon seit Jahren im Sinn, und ich erinnere mich noch genau der Stelle im Homburger Kurpark, wo sie mir zuerst auffiel oder, wie Sie sagen, »einleuchtete«, sehr plötzlich und ganz präzis. Ich mußte damals sogleich an das Märchenmotiv des Froschkönigs denken, das sicher damit zusammengehört: ein verzauberter Mensch! – eine philosophische Zoologie

würde, wie ich überzeugt bin, sich mit großem Nutzen dieser Bildersprache bedienen können und sogar müssen.

Die literarischen Selbstbeobachtungen – über das Wort »jene« und über den Gebrauch des Schluß-e – haben mich sehr vertraut berührt. Wenn ich nicht irre, bezeichnen diese Bemerkungen einen Weg, der gleichsam zur vollkommenen Normalisierung der literarischen Sprache führt. Mir schwebt immer ein Satz Pascals vor, der das Prinzip der Einfachheit im Idealfall so weit treiben möchte, daß die Leser bei sich selber sagen: das hätte ich auch schreiben können, was soll da eigentlich Besondres daran sein! (Dies ist nicht Pascals Wortlaut, aber seine Tendenz.) Ihre – wohl selbstkritische – Anmerkung über den Rhythmus in der Prosa (S. 9) und namentlich die ausgezeichnete Formulierung »die Anstrengung ist umso lohnender, je weniger sie wahrgenommen wird« scheint mir in dieselbe Richtung zu weisen. Alle Entdeckungen stilistischer und grammatischer Möglichkeiten, die man macht, müssen doch am Ende wieder ins Gleichgewicht gebracht werden derart, daß sie auch überlesen werden könnten (ich sage: könn*t*en).

Von großem Wert waren mir auch die Hinweise auf die »Marmorklippen« – namentlich was auf S. 7 über die allegorische Lesart und über die dunklen Stellen steht. Ich habe das fast wie eine Antwort und einen genauen Nachtrag zu dem Gespräch empfunden, das wir bei Schnitzlers miteinander führten. Und Ihre Meinung ist mir jetzt nicht allein vollkommen deutlich, ich sehe auch, daß sie wahr ist. Inzwischen habe ich, in ganz anderer Sphäre, eine ähnliche Erfahrung gemacht – nämlich mit einigen Lesern eines Aufsatzes über Fabeln, den ich Weihnachten veröffentlicht habe. Ich lege Ihnen ein Exemplar bei und glaube – wenn anders Sie Lust und Zeit finden, ihn zu lesen –, daß Ihnen diese Andeutung über die Reaktionen der Leser genügen wird.

Erlauben Sie mir aber noch eine mehr fragende als kritische Bemerkung: der Schluß des Satzes über die Würmer auf S. 17 ist mir nicht ganz verständlich geworden. Liegt der Akzent auf »ruht« im antithetischen Kontrapunkt zu »geschlechtlich« oder will der Satz sagen, daß das Geschlechtliche des Menschen im physischen Sinne (die Organe) etwas Wurmhaftes hat?

Ich bewundere die Knappheit, das Griffige oder Begreifende, ja Zupackende Ihres Ausdrucks so sehr, daß das geringste Schwanken des Sinnes mich verstört: verstehen Sie die Frage bitte aus dieser Gesinnung!

Inzwischen ist auch Ihr freundlicher Brief aus Kirchhorst eingetroffen, für den ich Ihnen herzlich danke. Wollen Sie so liebenswürdig sein, »Mme. Ravoux« bei Ihrer nächsten Begegnung von meiner Frau und mir sehr herzlich zu grüßen: Sophie Koch ist unvergessen, und die Überraschung über dieses seltsame Wiederfinden war groß und freudig. Wer ist Mr. Ravoux? Könnte sie nicht einmal

nächstens ein Briefchen schreiben oder, wenn es auf dem direkten Weg nicht geht, durch Sie expedieren lassen (falls ich Sie um diesen Dienst bitten darf)? Der Sonderabzug, den ich hier noch beilege – hoffentlich sind Ihnen diese Beilagen nicht lästig –, »Das glückliche und das gefährliche Leben«, ist die Essay-Fassung des Vortrags, den ich Ende Oktober in Paris gehalten habe, und dieser Einladung verdanke ich ja vor allem die Bekanntschaft mit Ihnen, verehrter Herr Jünger. Aber von dieser Beziehung abgesehen, möchte ich vermuten, daß der Gegenstand Sie reizen wird: ich wüßte gern, was Sie davon denken.
Ich schließe und bleibe mit den besten Grüßen und Wünschen
Ihr ergebener Dolf Sternberger

meiner Frau daraus vorgelesen Sternberger war seit 1931 mit der Kunsthistorikerin Ilse Rothschild (1900–1992) verheiratet. Sie verfaßte unter anderem Artikel für die »Frankfurter Zeitung«, durfte aber als Jüdin ab April 1933 nicht mehr publizieren.
Notizen … über die »Frösche« (9. April 39) Der Hinweis bezieht sich auf eine längere Tagebuch-Aufzeichnung, in der es unter anderem heißt: »Gerade bei den Fröschen, etwa wenn sie im Wasser auf den gestreckten Hinterbeinen zu stehen scheinen, berührte mich von je das Menschenähnliche« (SW 2, 32). Vgl. auch Brief 11.
über das Wort »jene« und über den Gebrauch des Schluß-e In »Gärten und Straßen« heißt es in einer Eintragung vom 7. April 1939: »Bei der Arbeit fiel mir auf, daß ich im Aussparen des unbetonten E vielleicht zu peinlich bin. Es ist allerdings ein Unterschied für den Satz, ob es in ihm heißt ›erfreuen‹ oder ›erfreun‹. (…) Ferner glaube ich, daß ich den allzu häufigen Gebrauch des Wörtchens ›jenes‹ vermeiden muß« (SW 2, 30 f.).
ein Satz Pascals … das Prinzip der Einfachheit Vermutlich bezieht sich Sternberger auf Blaise Pascals Aphorismen-Sammlung »Pensées« (1669), die er gut kannte. Doch ist die Idee hier in keinem der Texte eindeutig identifizierbar. Vgl. auch Sternbergers Aufsatz »Pascals Tod« von 1962 (wieder in Schriften I).
Anmerkung über den Rhythmus in der Prosa In »Gärten und Straßen« heißt es unter dem Datum vom 7. April 1939: »Was in der Prosa an rhythmischer Arbeit geleistet wird, darf keine Spur hinterlassen; und die Anstrengung ist um so lohnender, je weniger sie wahrgenommen wird« (SW 2, 30).
Hinweise auf die »Marmorklippen« Jünger bezieht sich in »Gärten und Straßen« auf den Roman. In der Eintragung vom 5. April 1939 heißt es: »Zu vermeiden ist jedoch, daß die Erzählung rein allegorischen Charakter gewinnt. Sie muß, ganz ohne zeitliche Beziehung, aus Eigenem leben können, und es ist sogar gut, wenn dunkle Stellen bleiben, die sich der Autor selbst nicht zu erklären vermag. Gerade solche sind, wie ich erfuhr, oft Keime späterer Fruchtbarkeit. So war mir der Charakter des Oberförsters, als ich in einer stürmischen Harznacht von ihm träumte, noch dunkel; dennoch sehe ich heute, daß die Züge, die ich damals notierte, auch im erweiterten Rahmen sinnvoll sind« (SW 2, 29).
eines Aufsatzes über Fabeln Der Beitrag »Figuren der Fabel« erschien am 25. Dezember 1941 in der »Frankfurter Zeitung« und wurde später mehrfach nachgedruckt (wieder

in Schriften IX). Möglicherweise ist die hier behandelte Fabel vom Lamm, das vom Wolf gefressen wird, als Gleichnis für die Judenverfolgung gelesen worden (so Claudia Kinkela, Die Rehabilitierung des Bürgerlichen im Werk Dolf Sternbergers. Würzburg 2001, S. 88 ff.).
den Schluß des Satzes über die Würmer Unter dem Datum vom 18. April 1939 schreibt Jünger über den Ausdruckscharakter von Würmern: »Der Stamm der Würmer ist geheimnisvoll und müßte von Augen gedeutet werden, die Bilderschrift zu lesen wissen – so ruht dort vieles, was an uns geschlechtlich ist« (SW 2, 38).
Ihr freundlicher Brief aus Kirchhorst Vgl. Brief 2.
Wer ist Mr. Ravoux? Sophie Ravoux (vgl. Brief 2) war seit 1938 mit dem Journalisten Paul Ravoux (1898–1957) verheiratet. Vgl. die Einführung, Abschnitt II.
»Das glückliche und das gefährliche Leben« Der Pariser Vortrag erschien am 16. und 17. Dezember 1941 in zwei Folgen in der »Frankfurter Zeitung«, wieder in: Sternberger, Schriften IX, S. 74–94.

4. Jünger an Sternberger, 13. Februar 1942

13. 1. 1942. [richtig vermutlich: 13. 2. 1942]

Sehr geehrter Herr Sternberger,
Leider kann ich Ihren ebenso umfangreichen wie inhaltvollen Brief nicht mit gleichem Maße wettmachen. Nehmen Sie daher mit einigen Notizen vorlieb.
Die Bemerkung über die Würmer ist komplex und sollte sich sowohl auf anatomische wie auf physiologische und psychologische Daten beziehen. Sie haben recht, daß Sie die Prägnanz des Ausdrucks schätzen; es muß aber immer auch Stellen geben, die Zwielicht haben und zum Nachdenken anreizen. Auch habe ich in diesen Text zu meinem Hausgebrauche und zu meiner persönlichen Erheiterung labyrinthisch eine Reihe von Anspielungen sowohl auf Erlebnisse wie auf Verhältnisse versteckt, mußte aber doch erfahren, daß es heute noch recht intelligente Leser gibt.
Sie fanden also bestätigt, daß ich Sie in Paris nicht mystifizierte und doch gibt es in der von Ihnen erwähnten Konzeption auch manches Mysterium. Wenn man dem Autor eine gewisse Souveränität zubilligt, so darf man erwarten, daß er nicht allzu streng nach dem Leben zeichnet, sondern daß das Leben sich nach seinen Bildern ausrichtet. So wäre jetzt vielleicht Stalin derjenige, welcher der Idee des Granforestiere am nächsten kommt, denn dieser hat doch Format und manche der verbreiteten Ausdeutungen waren für mich als seinen Schöpfer beinahe beleidigend.
Ihre Sophie Ravoux betreffenden Fragen wird diese selbst beantworten; sie las inzwischen Ihren Brief. Die Unterhaltungen mit dieser höchst intelligenten Frau gehören für mich zu den verborgenen Oasen unserer Wüstenei.

Im Georges V. tagten wir inzwischen noch manches Mal illuster; wissen Sie, daß wir bei Ihrem Besuch vierzehn Flaschen Haut Brion umlegten? Das letzte Mal wurde dieser Record nun um eine weitere erhöht, freilich saß wieder der »Dichte Nebel« mit am Tisch. Das muß man wissen bei den Gerüchten, die über dieses Cénacle verbreitet sind.
Für Ihre beiden »Beilagen« besten Dank; ich lese sie am nächsten ruhigen Nachmittag. In diesen Wochen und Tagen gibt es ja manches zu tun.
Empfehlen Sie mich bitte Ihrer Gattin. Ihr
Ernst Jünger

13.1.1942 … Ihren ebenso umfangreichen wie inhaltvollen Brief Es handelt sich bei der Monatsangabe um einen Tippfehler, da Jünger hier auf Sternbergers Brief vom »Februar 1942« antwortet (Brief 3).
Granforestiere Eigentlich: »Grand Forestier«.Gemeint ist die Figur des »Oberförsters« in der französischen Übersetzung der »Marmorklippen«, auf deren Darstellung Jünger am 5. April 1939 auch in »Gärten und Straßen« einging (vgl. Anmerkung zu Brief 3).
wird diese selbst beantworten Ein Brief von Sophie Ravoux aus dieser Zeit befindet sich nicht im Nachlaß Sternbergers; der erste vorhandene trägt das Datum vom 12. Februar 1946.
der »Dichte Nebel« Anspielung auf Gerhard Nebel (vgl. Brief 1).
Ihre beiden »Beilagen« Vermutlich Artikel der »Frankfurter Zeitung«; da Sternberger als Redakteur regelmäßig Beiträge schrieb, lassen sich keine eindeutigen Angaben machen.

5. Sternberger an Jünger, 24./25. Februar 1942

Frankfurt, 24.2.42.

Sehr verehrter Herr Jünger,
ich muß Sie vor allem herzlich bitten, die unglückliche Verspätung dieser Antwort zu entschuldigen – es ist schon ein ganzer Monat vergangenen seit dem Brief, den Sie mit Sophie Ravoux zusammen schrieben. Inzwischen habe ich überhaupt keine Briefe schreiben können: zuerst war ich krank an der Grippe – diese Zeit war allerdings insofern ersprießlich, als ich einiges lesen konnte, hauptsächlich neue Bücher anthropologischen Inhalts –, dann erkrankte meine Frau, und das war schwieriger, namentlich wegen der gegenwärtigen Einkaufskalamitäten; endlich mußte ich letzte Woche für die Zeitung eine kleine Reise nach Schwaben machen – und nun kann ich wieder etwas aufatmen. Haben Sie vor allem vielen Dank für das Photo. Die Deutung, die Sie ihm gegeben haben, hat mir anfangs großen Spaß gemacht (namentlich wegen des Vexier-

spiels mit dem Traumsumpftier aus »Gärten und Straßen«), später aber sind mir doch andere Züge aus dem Gesicht hervorgetreten, die Miene ist zwar beobachtend oder diagnostisch, aber doch in Wahrheit gar nicht so sehr kühl, wie es jene Umschrift nahelegt; ich könnte mir sogar denken, daß Sie in einem Gespräch mit einem Menschen begriffen waren, als man die Aufnahme machte? (Abwartend, was er jetzt wohl antworten werde.)
Darf ich Sie übrigens um eine kleine Mühe bitten: wenn Sie Herrn Nebel sehen, geben Sie ihm bitte den Aufsatz über »Figuren der Fabel« zu lesen – es läge mir daran, daß er ihn kennen lernte, ich möchte das als ein Mittel der Verständigung betrachten.
Wollen Sie wohl die Freundlichkeit haben, dies zu vermitteln? Umgekehrt wünschte ich sehr, seinen Essay über den Flugplatz zu lesen, der, wie ich hörte, im Novemberheft (oder Oktober?) der Neuen Rundschau erschienen ist. Unser Hausexemplar dieser Zeitschrift ist irgendwo verschollen, und nachgeliefert wird es wohl kaum werden: ob er mir wohl eins seiner Belegexemplare *für ein paar Tage* leihen könnte? Wenn aber meine Vermutung, daß Sie ihn öfter sehen, falsch sein sollte, so kann ich ihm selbstverständlich auch selber deswegen schreiben.
Hierbei liegt ein zweiter Bogen, der für Frau Ravoux bestimmt ist; meine Frau und ich haben uns so sehr über dieses unverhoffte Wiederfinden gefreut, daß ich nur umso betrübter bin, sie so lange auf Antwort haben warten zu lassen.
Indem ich Sie herzlich bitte, mich mein langes Schweigen nicht entgelten zu lassen, bleibe ich mit den besten Grüßen
Ihr sehr ergebener
Dolf Sternberger

PS für Herrn Jünger
25.2. im Büro – heute morgen fand ich hier die Mitteilung vor, daß Ihr Buch nun erschienen und in der Bibliothek eingelaufen ist; ich bin gebeten, es in unserer Literaturbeilage zu besprechen – keine leichte Aufgabe, aber gleichwohl gehe ich mit großer Lust daran. Hoffentlich gelingt es mir, einiges Treffende zu sagen.
Ihr D. St.

Brief, den Sie mit Sophie Ravoux zusammen schrieben Der Brief ist nicht erhalten.
das Photo Nicht überliefert.
Traumsumpftier aus »Gärten und Straßen« Unter dem Datum von 2. Februar 1940 heißt es unter anderem: »Traum. Halb in einem fließenden Wasser stehend, hielt ich mit zwei schwachen Gerten ein Wesen von mir ab, in dem sich der Körper einer Ratte mit

einen Schlangenkopf und Schlangenschwanz verband. (…) Endlich befreite mich aus dieser Lage ein Knüppelhieb, der über meine Schulter hinweg ins Wasser klatschte und dem Wesen den Garaus machte, das nun bäuchlings stromabwärts trieb« (SW 2, 98).
Herrn Nebel … seinen Essay über den Flugplatz Auf dem Fliegerhorst. In: Die neue Rundschau 52 (1941), H. 10, S. 606–608. Der Beitrag war Anlaß dafür, daß Nebel Anfang 1942 aus Paris in eine Baukompanie auf der Kanalinsel Alderney versetzt wurde (Jünger/Nebel, Briefwechsel, S. 929 f.). Nebel spricht u. a. von »Zeiten des Sprachniedergangs«, von »Masken, mit denen die wahren Verhältnisse verdeckt werden« und vergleicht Flugzeuge mit »Insekten«.
Ihr Buch … in unserer Literaturbeilage Sternbergers Rezension von »Gärten und Straßen« erschien am 16. März 1942 in der »Frankfurter Zeitung«. Vgl. die Einführung, Abschnitt I.

6. Sternberger an Jünger, 24. 4. 1942

Frankfurt, 24. 4. 42.
Bockenheimer Landstraße 71

Sehr verehrter Herr Jünger,
Sie haben mir eine *sehr* große Freude gemacht mit der Übersendung der »falaises de marbre« und vor allem mit der Widmungsinschrift, weil sie sich auf das »Doucement« bezieht, und weil ich daraus sehe, daß ich etwas getroffen habe, was Ihnen selbst wichtig ist, weil ich also daraus entnehmen darf, daß Sie sich in diesem Punkte verstanden fühlen, und daß wir uns verstanden haben (wenn ich mich – angesichts der besonderen Beziehung zwischen Autor und Rezensent – so ausdrücken darf). Ich bin nun sehr begierig, zu sehen, wie sich die »Marmorklippen« in dem anderen Medium der französischen Sprache ausnehmen werden. Ich danke Ihnen herzlich für dieses schöne Präsent.
Herr Göpel, der dieser Tage hier durchkam (und den ich übrigens bei dieser Gelegenheit erst kennen lernte – er erschien mir vor allem anthropologisch merkwürdig), sagte mir, daß Sie gegenwärtig auf Arbeitsurlaub in Kirchhorst seien, und daher schreibe ich Ihnen an diese Adresse.
Wäre es nicht möglich, daß Sie auf der Rückreise den Weg (ist es ein Umweg?) über Frankfurt nähmen? Ich möchte schätzen, daß Sie hier noch selten gewesen sind – vielleicht irre ich mich? –, und ich glaube, Ihnen versprechen zu können, daß es Sie nicht reuen wird. Vor allem treibt mich zu dieser Frage freilich mein eigner Wunsch, Sie wiederzusehen und zu sprechen, wozu so viel Anlaß, nein: Grund und Gegenstand wäre, – und ich habe in absehbarer Zeit keine Chance, wieder nach Paris zu kommen. Bedenken Sie doch diese Möglichkeit einmal – ich wäre nicht der einzige, der sich darüber freuen würde.

Morgen reise ich auf acht Tage nach Breslau – ich bin noch nie so weit im Osten gewesen und bin sehr gespannt darauf. Bisher war mein östlichster Punkt die Wildwestvilla »Shatterhand« in Radebeul bei Dresden gewesen.
Für diesmal bleibe ich mit den besten Grüßen
Ihr sehr ergebener
Dolf Sternberger

Übersendung der »falaises de marbre« Die erste französische Übersetzung erschien unter dem Titel: Sur les falaises de marbre. Roman. Traduit de l'allemand par Henri Thomas. Paris: Gallimard 1942.
Widmungsinschrift ... das »Doucement« Dazu Sternberger in seiner Besprechung: »Wahre Ordnung kann nicht statuiert, sie muß aufgesucht werden, wie man eben das Muster und die Regel eines Kristalls aufsucht« (Schriften VIII, S. 301). In einer Notiz zu diesem Nachdruck schreibt Sternberger: »In der Widmung seines Exemplars der französischen ›Marmorklippen‹ (Sur les falaises de marbre) bedankte Jünger sich eigens für die Entdeckung des ›Doucement‹« (ebd., S. 462). Das Buch ist nicht in Sternbergers Teilnachlaßbibliothek im Deutschen Literaturarchiv.
Herr Göpel Der Kunsthistoriker Erhard Göpel (1906–1966) hatte mit Jünger während der Pariser Besatzung Kontakt.
Wildwestvilla »Shatterhand« in Radebeul bei Dresden 1896 bezogenes Wohnhaus Karl Mays (1842–1912).

7. *Jünger an Sternberger, 27. April 1942 (Postkarte)*

Herrn Dolf Sternberger
Frankfurt / a. Main
Bockenheimer Landstr. 71

Kirchhorst / über Hannover
27.4.42.

Sehr geehrter Herr Sternberger,
Es freut mich, daß die »Falaises« richtig in Ihre Hände gekommen sind. In diesen Wochen erscheinen sie übrigens auch als »Scoglie« im Italienischen. »Doucement« hat mich erfreut; Cocteau, mit dem ich öfters zusammen bin, verlieh mir die Adjektive »Doux et dur«, nur vielleicht vollständiger.
Dr. Göpel ist recht intelligent; ich plauderte mit ihm in Perouard gern. Über Frankfurt kann ich diesmal leider nicht kommen; aber es ist eine Stadt, die ich immer wieder in Abständen berühre, sodaß wir uns demnächst dort sicher einmal sehen.
Mit den besten Grüßen
Ihr
Ernst Jünger.

»Falaises« ... als »Scoglie« im Italienischen Unter dem Titel: Sulle scogliere di marmo e altri scritti. Unica traduzione autorizzata di Alessandro Pellegrini. Milano, Verona: Arnoldo Mondadori Editore 1942.
Cocteau Der französische Schriftsteller Jean Cocteau (1889–1963) stand mit Jünger zwischen 1941 und 1943 in Verbindung.
Perouard Ein Ort in dieser Schreibweise ist nicht nachweisbar. In den »Marmorklippen« ist davon die Rede, »daß Meister Villon nach der Vertreibung aus Pérouard in einem dieser Tannichtnester Unterschlupf gefunden hatte« (SW 15, 284).

8. *Sternberger an Jünger, 9. Mai 1942*

Frankfurter Zeitung

Frankfurt am Main, 9.5.[1942]
Große Eschenheimer Straße 31–37

Sehr verehrter Herr Jünger,
schönen Dank für Ihre Karte. Schade, daß Sie nicht diesmal über Frankfurt reisen wollen – inzwischen hat sich der aktuelle Gesprächsstoff eher noch vermehrt.
Heute muß ich Sie etwas Anderes fragen. Ich höre fast jeden Tag von irgendeiner Seite, daß man »Gärten und Straßen« nicht kaufen könne. Seit dem Erscheinen ist nun soviel Zeit vergangen, daß Auslieferungsschwierigkeiten eigentlich kaum noch angenommen werden können. Haben Sie eine Erklärung für dieses Phänomen? Ich wäre Ihnen für eine Zeile hierzu wirklich dankbar.
Dieser Tage hatte ich einen Brief von Nebel aus seiner Verbannung. Offenbar versteht er es, immer noch das Beste daraus zu machen. – Von Sophie Ravoux habe ich leider nicht wieder gehört. Haben Sie sie noch einmal gesehen?
Mit den besten Grüßen bleibe ich
Ihr ergebener
Dolf Sternberger

Nebel aus seiner Verbannung Vgl. Anmerkung in Brief 5.

Seite 459: Sternberger an Jünger, 9. Mai 1942
Seite 460: Jünger an Sternberger, 12. Mai 1942

Frankfurter Zeitung SCHRIFTLEITUNG Drahtanschrift: Zeitung Frankfurtmain / Fernsprecher: Ortsverkehr 20202, Fernverkehr 20301

FRANKFURT AM MAIN, 9.5.
Große Eschenheimer Straße 31-37

Sehr verehrter Herr Jünger,

schönen Dank für Ihre Karte. Schade, daß Sie nicht diesmal über Frankfurt reisen wollen – inzwischen hat sich der aktuelle Gesprächsstoff eher noch vermehrt. Heute muß ich Sie etwas Anderes fragen. Ich höre fast jeden Tag von irgendeiner Seite, daß man „Gärten und Straßen“ nicht kaufen könne. Seit dem Erscheinen ist nun soviel Zeit vergangen, daß Auslieferungsschwierigkeiten eigentlich kaum noch angenommen werden können. Haben Sie eine Erklärung für dieses Phänomen? Ich wäre Ihnen für eine Zeile hierzu wirklich dankbar.

Dieser Tage hatte ich einen Brief von Nebel aus seiner Verbannung. Offenbar versteht er es, immer noch das Beste daraus zu machen. – Von Sophie Ravoux habe ich leider nicht wieder gehört. Haben Sie sie noch einmal gesehen?

Mit den besten Grüßen bleibe ich

Ihr ergebener

Dolf Sternberger

M 117 - 141. 6000. K/0526

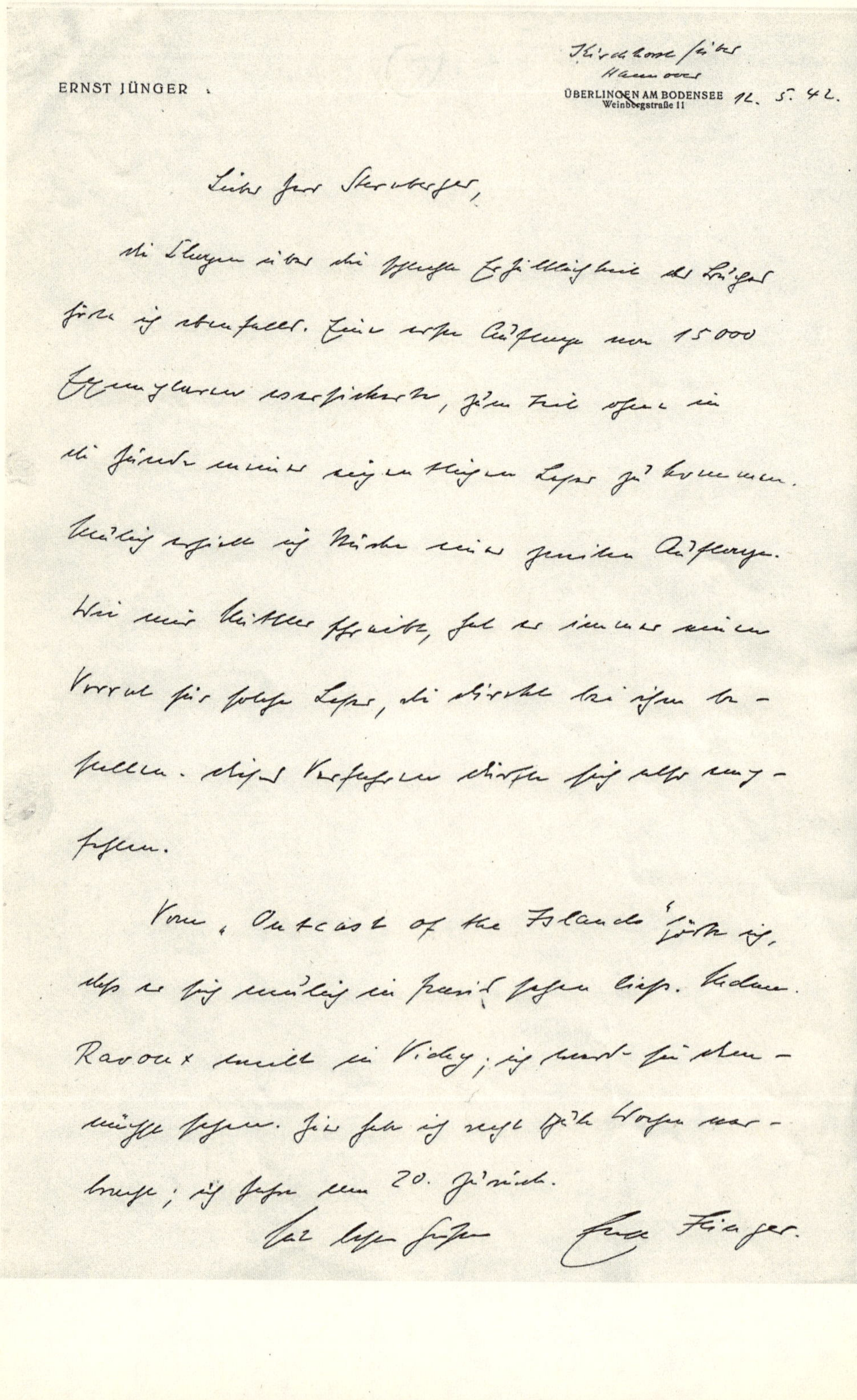

Kirchhorst über Hannover

ERNST JÜNGER

ÜBERLINGEN AM BODENSEE
Weinbergstraße 11

12. 5. 42.

Lieber Herr Sternberger,

die Klagen über die schlechte Erhältlichkeit der Bücher höre ich ebenfalls. Meine erste Auflage von 15000 Exemplaren versickerte, zum Teil ohne in die Hände meiner eigentlichen Leser zu kommen. Neulich erhielt ich Bücher einer zweiten Auflage. Wie mir Mittler schreibt, hat er immer einen Vorrat für solche Leser, die direkt bei ihm bestellen. Dieses Verfahren dürfte sich also empfehlen.

Vom „Outcast of the Islands" hörte ich, daß er sich neulich in Paris sehen ließ. Madame Ravoux weilt in Vichy; ich werde sie demnächst sehen. Hier habe ich recht gute Wochen verbracht; ich fahre am 20. zurück.

Mit besten Grüßen Ernst Jünger.

9. Jünger an Sternberger, 12. Mai 1942

Ernst Jünger
Kirchhorst / über Hannover 12.5.42

Lieber Herr Sternberger,
die Klagen über die schlechte Erhältlichkeit der Bücher hörte ich ebenfalls. Eine erste Auflage von 15000 Exemplaren versickerte, zum Teil ohne in die Hände meiner eigentlichen Leser zu kommen. Neulich erhielt ich Stücke einer zweiten Auflage. Wie mir Mittler schreibt, hat er immer einen Vorrat für solche Leser, die direkt bei ihm bestellen. Dieses Verfahren dürfte sich also empfehlen.
Vom »Outcast of the Islands« hörte ich, daß er sich neulich in Paris sehen ließ. Mdme. Ravoux weilt in Vichy; ich werde sie demnächst sehen. Hier habe ich recht gute Wochen verbracht; ich fahre am 20. zurück.
Mit besten Grüßen
Ernst Jünger.

»Outcast of the Islands« Gerhard Nebel (vgl. Brief 8).
Mdme. Ravoux weilt in Vichy Ab Juli 1940 Sitz der französischen Regierung unter Henri Philippe Pétain. Hier hielt sich Paul Ravoux zeitweise auf. Vgl. die Einführung, Abschnitt II.

10. Sternberger an Jünger, 15.6.1942

Frankfurter Zeitung Frankfurt am Main, 15.6.[1942]
Große Eschenheimer Straße 31–37

Sehr verehrter Herr Jünger,
sehr herzlich danke ich Ihnen für »Jardins et Routes«, ich bin sehr begierig darin zu lesen. Deutsche und französische Ausgaben folgen bei Ihnen so rasch aufeinander, daß man beinahe das Gefühl hat, einen zweisprachigen Autor vor sich zu haben. Ich gedenke in der nächsten Zeit mehr zu lesen, als ich bisher konnte, denn – es fällt mir ungemein schwer zu schreiben. »Es verschlägt mir die Rede«, was gegenwärtig vor sich geht – wenn Sie diese Wendung kennen. Ich bin nicht sicher, ob darin eine Schwäche liegt, es ist mir noch nie zuvor so ergangen; aber ich nehme es als einen Naturvorgang, einen von der bösen Art. Wir hoffen sehr, daß Sie bei der nächsten Gelegenheit durch Frankfurt kommen, wie Sie mir kürzlich angesagt haben: damit das notwendige Gespräch wiederaufgenommen werde. Grüßen Sie bitte die Bekannten vom Georges V, soweit

sie noch dort sind (?) und Mme. Ravoux, die Sie wohl inzwischen wiedergesehen haben werden.
Der outcast of the Islands schrieb mir kürzlich, er scheint bei alledem bemerkenswert guten Muts.
Ihnen selbst viele Grüße Ihres ergebenen
Dolf Sternberger

»Jardins et Routes« Französische Ausgabe von »Gärten und Straßen«: Jardins et routes. Pages de journal 1939–1940. Traduction de Maurice Betz. Paris: Librairie Plon 1942.

11. Sternberger an Jünger, 1. Dezember 1942

Frankfurt, 1. Dezember 42.

Lieber und verehrter Herr Jünger,
heute ist ein Jahr und ein Monat vergangen seit dem Abend im Georges V., an dem ich Sie kennen lernte – das bemerke ich eben, indem ich das Datum auf den Brief setze. Die Lage Frankreichs hat sich beträchtlich verändert seitdem – wie manches Andre auch. Ich schreibe übrigens in der Annahme, daß Sie überhaupt noch in Paris stehen, obgleich ich zweimal von verschiednen Seiten gehört habe, Sie seien versetzt, ich mochte es aber nicht recht glauben. Seit zwei drei Monaten schon hatte ich im Sinn, Ihnen wieder zu schreiben, aber ein solcher Brief birgt viel Schwierigkeiten.
Nun habe ich einige Arbeiten, die ich in der Zeitung veröffentlichte, in einer Streifbandsendung vereinigt, die Sie dieser Tage erhalten werden, und meine, damit wohl eine bessere Kommunikation zu ermöglichen. Ich darf Ihnen das kurz erläutern: das erste ist ein Aufsatz »Montaignes Tod«, von dem ich glaube, daß er Sie vielleicht nicht so sehr Montaignes als des Todes wegen interessieren müßte – ich würde mich freuen, dazu gelegentlich eine Zeile von Ihnen zu lesen, gerade dazu. Zweitens finden Sie einen Essay über die »Penthesilea«, worin ich versucht habe, mit pointierten Mitteln das Verständliche der dramatischen Konstellation zu zeigen, das Normale, das nur zu pathologischen Konsequenzen führt. Das dritte sieht Ihnen vielleicht etwas abschreckend aus (handelt von Kulturfilmen, heißt »Leidenschaft der Wahrnehmung«), enthält aber einige Bemerkungen über Tiergebärden, von denen ich glaube, daß sie Sie ansprechen könnten – seitdem ich die Stelle von der Menschenähnlichkeit des Froschs in »Gärten und Straßen« gelesen habe (ich schrieb Ihnen schon einmal davon).

Was arbeiten Sie gegenwärtig? Was hören Sie vom »outcast of the Islands«? Und von den übrigen Teilnehmern an jenen Nachtgesprächen – sind Sie wohl noch beieinander? (Außer Podewils, der ist ja im Osten.) Und von Mme. Raboux (war dies der Name? – alias Koch)? Ich habe große Sehnsucht nach Paris, alle Bilder von damals stehen mir jetzt erst so recht intensiv im Sinn, der Wein hat gelagert. Ich bin mit den besten Grüßen Ihr sehr ergebener Dolf Sternberger

gehört habe, Sie seien versetzt Jünger unternahm ab Ende Oktober 1942 eine auf drei Monate geplante Inspektionsreise an die russische Front (Kaukasus), um die Stimmung unter den Offizieren und Soldaten zu erkunden. Die Reise beschrieb er in den »Kaukasischen Aufzeichnungen«, die später Teil der »Strahlungen« wurden (SW 2, S. 407ff.).
einige Arbeiten, die ich in der Zeitung veröffentlicht habe Die erwähnten Artikel sind wie folgt erschienen: »Montaignes Tod« (13. September 1942), »Kampf der Liebenden. Über Kleists ›Penthesilea‹« (8. November 1942), »›Leidenschaft der Wahrnehmung‹. Von der zweiten Reichswoche für den deutschen Kulturfilm« (27. November 1942). Die ersten beiden Artikel wurden in späteren Büchern Sternbergers nachgedruckt; der dritte nicht.
einige Bemerkungen über Tiergebärden In »Leidenschaft der Wahrnehmung« heißt es: »Dieser unerschöpfliche Vorrat an Gebärden! Wenn die kleinen Kampfläufer-Hähne ihre bunten Federkragen aufspreizen und mit gesenkten Köpfen, halb hüpfend, halb flatternd einander umkreisen und anspringen, indes die schmucklosen, auch größer gestalteten Weibchen untätig zusehen: das scheint in der Tat, bei aller Seltsamkeit des Vogelreichs, der durchaus verständliche Urvorgang des ›Turniers‹ zu sein (...).« Vgl. Brief 3.

12. Sternberger an Jünger, 27. November 1973

Dolf Sternberger
61 Darmstadt
Park Rosenhöhe 27.11.73

Lieber Herr Jünger,
gerade habe ich in meinem Regal festgestellt, daß Sie mir nicht weniger als drei Bücher mit handschriftlichen Widmungen zugedacht haben – damals: Sur les falaises de marbre, Jardins et Routes und einen Vordruck der deutschen Ausgabe dieses selben Meisterwerks. Ich bin beschämt, daß ich meinerseits, soweit mein Gedächtnis reicht, offenbar keine solche Gabe auf den Weg gebracht habe. Nehmen Sie das Beifolgende bitte als eine kleine Abschlagszahlung. Da aber gerade ein kundiger Freund aus Amerika mir schrieb, es sei das beste, was er von mir je gelesen, so mag es für diese Gelegenheit allenfalls das Rechte sein.

Frau Jüngers und Ihre Einladung habe ich gut im Sinn behalten will den Besuch gewiß wahrmachen, womöglich noch diesen Winter, wenn und sofern es Ihnen paßt.
Mit den schönsten Grüßen für die verehrte Frau Jünger und Sie selbst bin ich
Ihr Dolf Sternberger

drei Bücher mit handschriftlichen Widmungen Die Bücher befinden sich nicht in der Teilbibliothek Sternbergers im Deutschen Literaturarchiv.
das Beifolgende In Jüngers Nachlaßbibliothek seines Wohnhauses in Wilflingen befindet sich von Sternberger nur eine Akademie-Schrift über Machiavelli (vgl. Brief 15). Sternberger hat nach 1945 eine Reihe von Büchern veröffentlicht, so daß unklar ist, welches er meint. Vgl. die Bibliographie in Peter Haungs (Hrsg.), Res Publica. Studien zum Verfassungswesen – Dolf Sternberger zum 70. Geburtstag. München 1977, S. 473f.
Frau Jüngers Einladung Vermutlich wurde die Einladung während eines Treffens mit Winnie Sieburg ausgesprochen, auf das Sternberger in seinen Brief vom 30. März 1975 zurückkommt (vgl. Brief 18).

13. Jünger an Sternberger, 5. Dezember 1973 (Postkarte)

Herrn
Dolf Sternberger
61 Darmstadt
Park Rosenhöhe

5. XII. 1973

Lieber Dolf Sternberger,
Dank für Ihren Brief und »Petites Perceptions« über das Thema – vielleicht das einzig wichtige. Da reicht das Soziale nicht hin. »Der Tod. Ihn kann ich nicht lernen.« Ja, aber »üben« vielleicht.
Herzlich Ihr
Ernst Jünger

»Petites Perceptions« über das Thema Kürzere Texte Sternbergers über den Tod, die 1973 in dem von Eberhard Stammler herausgegebenen Band »Was ist das eigentlich der Mensch?« erschienen (in erweiterter Form in Schriften I).
»Der Tod. Ihn kann ich nicht lernen.« Formulierung in der ersten von Sternbergers »Petites Perceptions« (Schriften I, S. 16).

14. Sternberger an Jünger, 20. Mai 1974

Dolf Sternberger
Darmstadt, 20. 5. 74
Rosenhöhe

Lieber Herr Jünger,
mir fällt ein, dies könnte Sie interessieren, und Sie halten vielleicht die Frankfurter Allgemeine Zeitung dort nicht, sondern eher nur die Stuttgarter, wie in Schwaben vielfach üblich. Die Figur der Fortuna, kommt mir vor, war oder wäre Ihnen bedeutsam?
Mit Machiavelli habe ich mich jüngst eingelassen, dies hier ist eine Nebenfrucht, die Hauptsache kommt erst noch.
Wilflingen habe ich noch immer nicht mit Augen gesehen. Der Winter ist vorübergegangen. Wäre Ihnen ein Besuch im Sommer angenehm?
Mit herzlichen Grüßen für Frau Jünger und Sie selbst bin ich Ihr
Dolf Sternberger

PS. Korrespondenz mit Sophie R. ist wieder ein wenig in Gang.

Die Figur der Fortuna Vgl. Sternberger, Drei Wurzeln der Politik (Schriften II/1, S. 224 ff.).
Mit Machiavelli habe ich mich jüngst eingelassen »Machiavellis ›Principe‹ und der Begriff des Politischen« (Wiesbaden 1974). Vgl. auch Brief 16.
Korrespondenz mit Sophie R. Sophie Ravoux und Sternberger hatten von Januar 1974 bis 1984 brieflichen Kontakt. Die Briefe an Sternberger befinden sich in dessen Nachlaß im Deutschen Literaturarchiv.

15. Jünger an Sternberger, 5. Juni 1974 (Postkarte)

Herrn
D. Sternberger
61 Darmstadt
Rosenhöhe 5. VI. 1974

Lieber Herr Sternberger,
Dank für Ihr Lebenszeichen. Ich war ziemlich unterwegs, Laon, Agadir und einiges steht noch bevor. Ich lasse noch hören, wann ich längere Zeit hier. In der Zeitung las ich von Ihrer Decoration, gratulor! Sophie sehe ich hoffentlich bald.
Herzlich Ihr Ernst Jünger

Laon, Agadir Jünger war im Mai 1974 in Laon (vgl. SW 5, 180), wo er 1915 und 1940 bereits als Soldat stationiert war (vgl. SW 14, 186); zuvor von März bis April in Agadir (vgl. SW 5, 167ff.).
Ihrer Decoration 1974 erhielt Sternberger das Große Verdienstkreuz des Verdienstordens der Bundesrepublik Deutschland.

16. Jünger an Sternberger, 20. Januar 1975 (Postkarte)

20.1.1975

Lieber Dolf Sternberger,
Die Nachricht von Ihrem Geburtstag ging durch die Zeitungen. Nachträglich meine herzlichen Glückwünsche! Zu denken gab mir ferner eine Besprechung eines Buches, in dem Sie, wenn ich es recht verstanden habe, den »Principe« aus der Politik ausklammern. Bald winkt mir Aufklärung, denn ich habe die Schrift in Wiesbaden bestellt.
Mit guten Wünschen für das Jahr 1975 Ihr
Ernst Jünger

[hs. Vermerk von Sternberger zu Beginn der Karte zur Geburtstagsgratulation: »Irrtum!«]

eine Besprechung eines Buches … den »Principe« aus der Politik ausklammern Vgl. Brief 14. Die Besprechung war nicht zu ermitteln.

17. Sternberger an Jünger, 25. Januar 1975

Professor Dr. Dolf Sternberger
Darmstadt, 25.1.75
Rosenhöhe

Lieber Herr Jünger,
vielen Dank für Ihre Karte. Es freut mich sehr, daß meine Schrift über Machiavelli Ihr Interesse gefunden hat, und ich bin neugierig, wie Sie sie beurteilen werden. Es handelt sich übrigens um ein Akademie-Referat mit reichlichen Annotationen.
Einen Geburtstag hatte ich freilich neuerdings nicht, das muß eine Verwechslung oder Fehlmeldung gewesen sein. Mein Geburtstag fällt in den späten Juli, und so halte ich jetzt in der Mitte zwischen dem 67. und dem 68.

Zum Ausgleich möchte ich aber nun einen Glückwunsch nachholen, den auszusprechen ich meinerseits den rechten Zeitpunkt versäumt habe: den zur Verleihung des Schiller-Gedächtnis-Preises. Mein Freund Gerhard Storz hat mir jüngst vom Verlauf der Feier erzählt. Ich freue mich, daß Ihnen diese schöne Ehrung zuteil geworden ist.
Mit schönen Grüßen für die verehrte Frau Jünger und Sie selbst bin ich
Ihr
Dolf Sternberger

Verleihung des Schiller-Gedächtnis-Preises Der Preis wurde Jünger am 10. November 1974 vom Land Baden-Württemberg verliehen.
Gerhard Storz Literaturhistoriker (1898–1983), veröffentlichte ab 1935 sprachkritische Glossen in der »Frankfurter Zeitung«, nach dem Krieg unter anderem Gymnasiallehrer, Kultusminister von Baden-Württemberg (1958–64) und Präsident der Deutschen Akademie für Sprache und Dichtung (1966–71). 1957 veröffentlichte er gemeinsam mit Sternberger und W.E. Süskind das Buch »Aus dem Wörterbuch des Unmenschen«, das auf einer Artikelserie in der Zeitschrift »Die Wandlung« (1945–48) basiert.

18. Sternberger an Jünger, 30. März 1975

Dolf Sternberger
Darmstadt, 30.3.75
Rosenhöhe

Lieber, verehrter Herr Jünger,
ich bin spät dran, Ihr Geburtstag ist vorüber, aber es ist ein schöner, kühler, doch leuchtender Ostermorgen, und so finde ich mich in der rechten äußeren und inneren Verfassung, Ihnen herzliche Wünsche zu senden – in der zuversichtlichen Hoffnung, daß Sie sie noch annehmen.
Als wir uns nach mehr als drei Jahrzehnten – bei unserer Freundin Winnie Sieburg – wiedersahen, habe ich Ihnen gesagt und gezeigt, wie hell und tief mir jene erste Begegnung im ›Georges V‹ im Gedächtnis war, die Begegnung mit dem Autor der ›Marmorklippen‹ und der ›Gärten und Straßen‹.
Lassen Sie mich heute hinzufügen, daß meine Bewunderung des Phänomenologen und des Sprachmeisters niemals nachgelassen hat, mag es Ihnen auch zuzeiten anders erschienen sein, und daß sie fortgilt, ja an Deutlichkeit der Empfindung nur zunimmt.
Ich las im ›Merkur‹ Ihre Briefe an den wunderlichen Korrespondenten in Princeton, entdeckte schließlich das Element von kosmologischer Utopik, das

Ihrer Erwartung planetarischen Friedens innewohnt: wie wenn die wogenden, gefahrenreichen Versuche internationaler Konfliktlösungen auf ein gleichsam kristallinisches Ordnungsmuster von schöner Endgültigkeit hinstrebten. Ich sehe es – wenn mir auch der Glaube fehlt, und wenn ich auch eine solche, eigentümlich anethische, linnäische Ansicht der Menschenwelt kaum nachvollziehen kann. Ich sehe es und fühle es auch, begreife die Entzückung, die ein solches Bild erregen muß. Und möchte es auch nicht missen. Mögen Sie, mögen wir den Vorschein solchen Gelobten Landes erblicken!
Bitte empfehlen Sie mich Frau Jünger und nehmen Sie die allerbesten Grüße von Ihrem
Dolf Sternberger

Ihr Geburtstag Jünger wurde am 29. März 80 Jahre alt.
bei unserer Freundin Winnie Sieburg Witwe von Friedrich Sieburg (1893–1964). Jünger und Sternberger kannten Sieburg gut: Jünger aus der Pariser Zeit, als Sieburg 1940–42 kulturpolitische Aufgaben an der Deutschen Botschaft wahrnahm, Sternberger ab 1942, als Sieburg bis zum Verbot 1943 in der Redaktion der »Frankfurter Zeitung« arbeitete. Als Mitglied der NSDAP nach 1945 zunächst Schreibverbot, 1948 Mitherausgeber der Zeitschrift »Die Gegenwart«, 1956 Leiter der wöchentlichen Literaturbeilage der »Frankfurter Allgemeinen Zeitung«.
im ›Merkur‹ Ihre Briefe Jüngers Briefe an François Bucher von 1967/68 wurden unter dem Titel »Post aus Princeton« im »Merkur« (1975, H. 3, S. 226–238) veröffentlicht, nachdem sie 1973 in 20 Exemplaren als Privatdruck erschienen waren.
entdeckte schließlich … Vermutlich Anspielung auf Jüngers Schrift »Der Friede«, die 1946 in Amsterdam und 1949 in Zürich erschienen war und mehrfach nachgedruckt wurde.

19. Sternberger an Jünger, 17. Januar 1980

Dolf Sternberger
Darmstadt Rosenhöhe Schindelhaus
17.1.80.

Lieber und verehrter Herr Jünger,
vielleicht haben Sie wahrgenommen, daß die »Frankfurter Allgemeine Zeitung« eine Folge von Beiträgen angefangen hat, die »Romane von gestern« in der Perspektive des heutigen Lesers darstellen sollen. Zur Mitarbeit aufgefordert, habe ich die »Marmorklippen« übernommen. Sie wissen, diese Lektüre war für mich – wie für viele – eine bedeutende, eine erschütternde Erfahrung, die bedeutendste literarische Erfahrung der Zeit des »Dritten Reiches«.

Nun würde ich mir gern eine Vorstellung von dem zeitgenössischen *öffentlichen* Echo bilden, also von den Rezensionen, die damals erschienen sind. Da ich mich erinnere, von Frau Jünger bei unserem Zusammentreffen im Sieburgschen Hause erfahren zu haben, wie reichhaltig das Archiv ist, das Sie im Haus haben und das sie so zuverlässig führt: Vielleicht dürfte ich davon einmal Gebrauch machen? – für den Fall, daß Sie solche Ausschnitte aus der Zeit vor vierzig Jahren aufbewahrt haben sollten. Wären Sie so nett, mir darüber kurz eine Nachricht zukommen zu lassen?
Ich hoffe und wünsche, daß Sie sich wohl befinden, und bleibe mit den schönsten Grüßen für Frau Jünger und Sie selbst Ihr
Dolf Sternberger

[hs. Vermerk von Ernst Jünger: »Ob er am 7./8. Feb. zu Winnie Sieburg kommen kann?« 3.2.80 EJ]

»Romane von gestern« Beiträge zu dieser Serie erschienen von 1980 bis 1989 in der »Frankfurter Allgemeinen Zeitung«, Sternbergers Artikel unter dem Titel »Eine Muse konnte nicht schweigen. Über Ernst Jünger: ›Auf den Marmorklippen‹« am 4. Juni 1980, wieder abgedruckt in: Marcel Reich-Ranicki (Hrsg.): Romane von gestern – heute gelesen, Bd. 3. Frankfurt am Main 1990, S. 199–207.
Sie wissen Sternberger und Jünger sprachen darüber vermutlich in Paris, wie in den Briefen angedeutet wird (vgl. Brief 1).
Die Rezensionen Bibliographisch bisher nicht erfaßt. Vgl. die Hinweise in Günther Scholdt, »Gescheitert an den Marmorklippen«. Zur Kritik an Ernst Jüngers Widerstandsroman. In: Zeitschrift für deutsche Philologie 98 (1979), S. 543–576.

20. Brief von Liselotte Jünger an Sternberger, 20. Januar 1980

Dr. Liselotte Jünger
7941 Wilflingen, 20.1.80
über Riedlingen

Lieber Herr Professor Sternberger,
anstelle meines Mannes, der für zehn Tage nach Paris gefahren ist, darf ich Ihre sehr freundlichen Zeilen beantworten, für die ich in seinem Namen danke.
Ja, die Reihe »Wiedergelesen« ist uns aufgefallen. Es wurde in einem der ersten Beiträge der »Arbeiter« besprochen, und gerade in dieser Woche fiel mir der Aufsatz über Horst Langes »Schwarze Weide« auf, ein Roman, den ich nicht kenne, der aber Erwähnung findet im Briefwechsel E.J.s mit Alfred Kubin, der das Buch illustrierte (oder den Umschlag entwarf?).

Daß Sie die »Marmorklippen« besprechen wollen, wird meinen Mann freuen. Leider können wir mit dem gewünschten Material nicht aufwarten; Rezensionen sind erst in den letzten fünf Jahren ab u. an aufbewahrt worden – der Raum erlaubt keine Vollständigkeit außer bei der Korrespondenz.
Auch war E.J. damals beim Heer u. erfuhr von mancher, vor allem Schweizer, Besprechung nur durchs Hörensagen. Die Nachkriegs-Rezensionen aller Werke erhielt bis kurz vor seinem Tode E.J.s Bibliograph Dr. des Coudres von uns, mit dessen Sammlung sie ans deutsche Literatur-Archiv nach Marbach gelangt sind. Aber soviel ich weiß, datiert die ganze Sammlung des Coudres erst von nach dem Krieg, so daß sich das Gewünschte wohl nur durch Zufall dort fände.
Es tut mir leid, Ihnen eine so negative Antwort geben zu müssen.
Es geht uns beiden gut, u. ich hoffe u. wünsche für Sie dasselbe.
Vielmals grüßend
Ihre
Liselotte Jünger

Dr. Liselotte Jünger Ernst Jünger heiratete 1962 die promovierte Germanistin Liselotte Lohrer (1917–2010), die bis dahin das Cotta-Archiv im Deutschen Literaturarchiv geleitet hatte. – Die weiteren Briefe Sternbergers vom 30. Januar, 15. Februar, 9./12. März und 30. April 1980 sind an Liselotte Jünger gerichtet. Sie werden hier nicht abgedruckt, sind aber in den Kommentaren und in der Einführung berücksichtigt.
Es wurde in einem der ersten Beiträge der »Arbeiter« besprochen Die Serie »Wiedergelesen« erschien 1977 in der »Frankfurter Allgemeinen Zeitung«. Über Jüngers »Arbeiter« schrieb Gerd-Klaus Kaltenbrunner; wieder in: Günther Rühle (Hg.), Bücher, die das Jahrhundert bewegten. Zeitanalysen – wiedergelesen. Frankfurt am Main 1980, S. 119–127.
der Aufsatz über Horst Langes »Schwarze Weide« Langes Roman erschien 1937. Der Hinweis bezieht sich auf den Beitrag »Im Schatten der Katastrophe. Siegfried Lenz über Horst Lange: ›Schwarze Weide‹ (1937)«, wieder in: Romane von gestern – heute gelesen, Bd. 3. Frankfurt am Main 1990, S. 135–141. – Kubin hatte das »Titelbild« zu Langes Roman gezeichnet. Ernst Jünger bezeichnet es in einem Brief an Kubin vom 7. April 1938 als »eines der besten Blätter«, die er von ihm gesehen habe (vgl. Ernst Jünger / Alfred Kubin, Eine Begegnung. Acht Abbildungen nach Zeichnungen und Briefen. Frankfurt am Main u.a.O. 1975, S. 51–54).
Bibliograph Dr. des Coudres … dessen Sammlung … ans deutsche Literatur-Archiv Hans Peter des Coudres (1905–1977) war Direktor der Bibliothek des Hamburger Max-Planck-Instituts für ausländisches und internationales Privatrecht und stand seit 1947 mit Jünger in Kontakt; für seine Bibliographie erhielt er regelmäßig Material (Bibliographie der Werke Ernst Jüngers. Stuttgart 1970; 1985 in erweiterter Form).

21. Jünger an Sternberger, 25. Juni 1980

Ernst Jünger
7941 Wilflingen,
über Riedlingen 25.6.1980

Lieber Dolf Sternberger,
Sie haben mir Ihren Rückblick auf die »Marmorklippen« noch persönlich gesandt – herzlichen Dank. Zuvor hatte ich, abgesehen davon, daß ich auf die »Frankfurter« abonniert bin, den Essay schon verschiedentlich erhalten, auch Briefe von Lesern bekommen, die darüber erfreut waren.
Es ist ein Unterschied, ob ein Journalist auf vordergründig politische Weise oder ob ein kultivierter Geist sich mit einem historischen Problem befaßt. Beides kann stimmen – etwa so, als ob ein Zeichner oder ein Bildhauer dieselbe Figur darstellten.
In diesem Falle handelt es sich um die Verknüpfung von Wille und Anschauung und um die Frage, was bleibt, wenn diese Verbindung im Werk geglückt und die Zeit darüber hinweggegangen ist. Ein Angriff in politicis wie Zolas »J'accuse« kann eminente Wirkung haben; aber der Text wird vergessen bis auf den Titel, den jeder noch kennt. Ist ein solcher Angriff sprachlich und sachlich gelungen wie jener Ciceros gegen Catilina, so bleibt er als rhetorisches und logisches Vorbild bestehen.
Mich freut, daß Sie als die eigentliche Qualität der Erzählung die des Kunstwerkes betont haben. Das schließt den politischen Charakter nicht aus. Es verleiht ihm sogar insofern Dauer, als hinter und unter der akuten Bedrängnis eine Gefahr erfaßt wurde, die wiederkehren kann: hinter der politischen die dämonische Macht.
Mir wird von Freunden zuweilen vorgeworfen, daß ich das Wagnis nicht genügend hervorhebe. Das steht mir nicht zu, obwohl es ohne Zweifel bestand. Vor der Publikation der »Marmorklippen« wußte jeder, der den Text kannte, daß damit um den Kopf gespielt wurde. Das ist zu loben, aber es war die Lage, in der sich damals viele befanden, deren Namen vergessen oder nie bekannt geworden sind. In diesem Falle kam etwas besonderes, das sich nicht in der Zeit erschöpfte, hinzu.
Ich danke Ihnen dafür, daß Sie die Dinge ins Licht rückten.
Ihr Ernst Jünger

Ps. Sophie berichtete mir von Ihrem Wiedersehen in Paris. Dort, oder vielmehr in München, wohin er sich begeben hatte, um operiert zu werden, ist inzwischen Joseph Breitbach gestorben; wieder einer der alten Freunde weniger.

Zolas »J'accuse« Offener Brief Émile Zolas an den französischen Präsidenten Félix Faure (»Ich klage an …!«), der am 13. Januar 1898 in der Tageszeitung »L'Aurore« veröffentlichte wurde und die Dreyfus-Affäre auslöste.
Angriff … Ciceros gegen Catilina Ciceros 63 v. Chr. gehaltene »Vier Reden gegen Catilina«, um dessen Umsturzversuch aufzudecken und ihn vor Gericht zu bringen.
daß damit um den Kopf gespielt wurde Vgl. die Einführung, Abschnitt III.
Joseph Breitbach Starb am 9. Mai 1980 in München. Vgl. die Einführung, Abschnitt II.

22. *Sternberger an Jünger, 30. Juni 1980*

Dolf Sternberger
Darmstadt Rosenhöhe Schindelhaus 30.6.80.

Lieber Herr Jünger,
über Ihren Brief habe ich mich sehr gefreut: So haben wir uns doch verstanden und verständigt – in der rückblickenden Deutung, in der Bestimmung des politisch-ästhetischen Verhältnisses.
Was in der Zeitung stand, war übrigens nur ein Teil meines Manuscripts, und ich gedenke, das Ganze noch auszuarbeiten, sobald ich andre Arbeiten hinter mich gebracht habe.
Mit freundlichen Grüßen, die ich auch Frau Dr. Jünger zu übermitteln bitte, bin ich Ihr
Dolf Sternberger

ich gedenke, das Ganze noch auszuarbeiten Die erweiterte Fassung ist gedruckt in Schriften VIII, S. 306–323.

23. *Sternberger an Jünger, 19. Dezember 1980*

Dolf Sternberger
Darmstadt Rosenhöhe Schindelhaus 19.12.80.

Lieber und verehrter Herr Jünger,
Sie haben mir mit dem schönen und stattlichen neuen Tagebuchbande eine große Freude gemacht, nicht weniger mit der freundlichen Inskription.
Für beides danke ich Ihnen herzlich. Auch möchte ich die guten Wünsche zu den Festtagen nachdrücklich erwidern und Sie bitten, sie auch der verehrten Frau Jünger zu übermitteln. Erlauben Sie mir, Ihnen als Gegengabe den ersten Band meiner ›Schriften‹ zu übersenden, der vor drei Jahren erschienen ist. Ich habe diesen ausgewählt in der Erwartung, daß sein gleichsam metaphysisches

Generalthema Ihnen nicht gleichgültig sein werde, es heißt »Über den Tod«.
Das Päckchen geht mit gleicher Post ab.
Mit den schönsten Grüßen
bin ich Ihr
Dolf Sternberger

dem schönen und stattlichen neuen Tagebuchbande »Siebzig verweht I« erschien 1980 und umfaßt die Zeit von März 1965 bis Dezember 1970. Über die »Inskription« ist nichts bekannt.
den ersten Band meiner ›Schriften‹ … Ihnen nicht gleichgültig Dolf Sternberger, Über den Tod. Frankfurt am Main 1977 (Schriften I). Vgl. Brief 13.

24. Jünger an Ilse Sternberger, 14. August 1989

Ernst Jünger
7941 Wilflingen, über Riedlingen 14.8.1989.

Sehr verehrte Frau Sternberger,
Die Nachricht vom Heimgang Ihres lieben Gatten hat mich lebhaft betrübt. Ich habe im Lauf von Jahrzehnten so viel Anregung und Beistand von ihm erfahren, daß ich wohl sagen darf, daß ein Freund mich verlassen hat, der mir fehlen wird.
In herzlichem Beileid
und mit guten Wünschen
Ihr
Ernst Jünger

Heimgang Sternberger starb am 27. Juli 1989 in Darmstadt.

ANJA S. HÜBNER, DETLEV SCHÖTTKER

GESPRÄCH MIT KLAUS DEMUS ÜBER PAUL CELAN

DETLEV SCHÖTTKER: 2009 ist der Briefwechsel erschienen, den Sie und Ihre Frau Nani zwischen 1948 und 1970 mit Paul Celan geführt haben. Er ist Ausdruck einer intensiven Freundschaft, die jedoch Anfang der sechziger Jahre abrupt endete. Lassen Sie uns mit Ihren eigenen Arbeiten beginnen. Sie haben von 1958 bis heute 15 Gedichtbände veröffentlicht. Ihr erstes Buch erschien 1958 unter dem Titel »Das schwere Land« im S. Fischer Verlag. Ein Jahr später kam hier Celans vierter Gedichtband »Sprachgitter« heraus. Celan soll Ihnen dabei behilflich gewesen sein, Ihren Band bei S. Fischer unterzubringen. Wie war das?
KLAUS DEMUS: Celan kannte Rudolf Hirsch, den Lektor und späteren Geschäftsführer, der ihm 1960 geholfen hatte, sich gegen die Plagiatsvorwürfe der Witwe von Yvan Goll zur Wehr zu setzen. Hirsch hat auch mich eingeladen. Er war sehr großzügig, und mit ihm war ich dann sehr gut bekannt, ich würde sogar sagen: freundschaftlich verbunden, wenn er nicht so viel älter gewesen wäre.
SCHÖTTKER: Celan hat mit Hirsch einen Briefwechsel geführt. Haben Sie ebenfalls mit ihm korrespondiert?
DEMUS: O ja! Diese Briefe sind in Harvard, in der Houghton Library, wo fast meine gesamte Celan-Sammlung außer den Briefen an ihn ist.
SCHÖTTKER: 2002 machte das Wiener Antiquariat Fritsch dazu einen Katalog. Gab es denn in Österreich und Deutschland keine Interessenten für die Sammlung?
DEMUS: Das weiß ich nicht. Ich habe sie zu Fritsch getragen, weil ich wußte, daß er Verbindungen zur Houghton Library hat. Mein Anhaltspunkt war die Hofmannsthal-Sammlung, die sich ebenfalls dort befindet.
ANJA S. HÜBNER: Sie haben sich ebenso wie Ihre Frau mit Kunst und Literatur der Moderne beschäftigt, als dies im akademischen Betrieb noch nicht üblich war: Ihre Frau promovierte 1949 über Kafka und Musil, Sie selbst 1951 mit einer Arbeit zum Kubismus. Wie ist das zu erklären?
DEMUS: Das hängt mit meinem Vater zusammen, der Kunsthistoriker war und 1939 aus Österreich emigrierte. Es war ihm gerade noch gelungen, nach England zu entkommen. Als er 1945 zurückkam, hat er versucht, uns das beizubringen, was wir in den Jahren des sogenannten Anschlusses versäumt hatten – die moderne Kunst und die moderne Literatur. Und darauf haben meine Frau und ich uns gestürzt.

HÜBNER: Sie haben Ihr gesamtes berufliches Leben lang an Wiener Museen gearbeitet und zahlreiche Katalogbeiträge zur älteren Kunst verfaßt. Wollten Sie sich später nicht mehr mit der Moderne beschäftigen?
DEMUS: Ich bin ein Renegat, wie man sagt. Ich habe mich zuerst für meine Zeit interessiert und dann gesehen, daß da nichts mehr wächst, so daß ich mich der alten Kunst zugewandt habe. Ich war in der Gemäldegalerie des Kunsthistorischen Museums und hier vor allem für die holländischen und flämischen Maler zuständig.
HÜBNER: Sie haben allerdings, wie Briefen an Celan zu entnehmen ist, 1950 in Paris versucht, einige Künstler, darunter Picasso, zu bewegen, Werke für ein Museum der Gegenwartskunst zu stiften, das Sie in Wien initiieren wollten. Ihre Gedichte dagegen würde man eher als traditionell bezeichnen. Hat sich die Beschäftigung mit moderner Kunst nicht auf Ihre Arbeit als Lyriker ausgewirkt?
DEMUS: Nein, die Sache ist ganz anders. Ich habe nicht als Modernist begonnen, sondern in meinen Anfängen versucht, die Phantasie auf poetische Weise walten zu lassen. Aber das war bald zu Ende. In der Mitte des ersten Gedichtbandes sieht man schon einen Bruch. Da setze ich diese allzu frei wuchernde Phantasiesprache nicht mehr fort, sondern gehe thematische Bindungen ein. Ich habe mich von Pindar bis zu Goethe und Hölderlin gebildet und erkannt, daß dies das Rechte ist. Außerdem hatte ich in meiner Naturlyrik das Bedürfnis, den heute gemiedenen hohen Ton nicht zu verlieren, sondern die Tradition seit Klopstock und Hölderlin fortzusetzen, ohne mich unbedingt an eine Form zu binden. Goethe sagt, die Aufgabe der Kunst sei Darstellung. Damit ist das gesamte Programm schon ausgesprochen.
SCHÖTTKER: Das kann man für Celan nicht unbedingt sagen. Haben Sie bewußt eine andere Form des Schreibens gewählt, eine Gegen- oder Parallelstrategie sozusagen? Oder gibt es Brücken?
DEMUS: Vor meinem ersten Gedichtband habe ich einiges geschrieben, was einen Einfluß von Celan zeigt. Aber ich habe niemals eine thematische Linie im Gedicht aufgegeben. Es gibt bei mir keine Sprunghaftigkeit im surrealistischen Sinne. Das wollte ich nicht. Und so gibt es keine Konkurrenz zu Celan. Es sind zwei verschiedene Welten.
SCHÖTTKER: Aber Sie waren doch ungeheuer fasziniert von seinen Gedichten, geradezu magisch angezogen, wie die Briefe zeigen.
DEMUS: Von seiner Sprache und von seinem dichterisches Genie! Aber sein Gedichtbegriff war für mich nicht verbindlich. Es gab bei ihm, auch wenn er das bestritten hat, einen Zusammenhang mit dem Surrealismus. Und der leugnet ja die Bindung an die Wirklichkeit. Ich will aber gar nicht versuchen zu charakterisieren, was Celans Dichtung ausmacht. Das ist heute immer noch ein Rätsel.

SCHÖTTKER: Als Celan Ende 1947 nach Wien kam, hatte er zunächst Kontakte zu den Wiener Neosurrealisten um die Zeitschrift »Plan«, in der wenige Monate später 17 seiner Gedichte gedruckt wurden. Wie sind Sie eigentlich mit Celans Dichtung in Berührung gekommen?
DEMUS: Ich habe die Gedichte im »Plan« gelesen und war überrascht von ihrer Qualität. Ich habe sie abgeschrieben, auswendig gelernt und sehr verehrt.
HÜBNER: Es heißt, daß Sie Celan einige Monate später, im Juni 1948, kennenlernten und daß der Kontakt über Ingeborg Bachmann zustande kam, die mit Ihrer Frau befreundet war. Wie war das genau?
DEMUS: Meine Frau und Ingeborg Bachmann waren ein Jahr in der achten Klasse des Gymnasiums zusammen, aber Ingeborg war oft krank. Die Freundschaft begann erst später, als sie in Wien studierte und als meine Frau, die in Graz mit dem Studium begonnen hatte, ebenfalls nach Wien kam. Da haben sich beide an der Universität getroffen und eine enge Freundschaft miteinander geschlossen. An dieser Freundschaft nahm natürlich auch ich ein wenig teil. Da Ingeborg Bachmann Paul Celan schon 1948 kennengelernt hatte und wußte, daß ich ihn sehr verehrte, hat sie das Zusammentreffen vermittelt.
HÜBNER: War das der Beginn Ihrer Freundschaft?
DEMUS: Nein, es gab zunächst nur zwei kurze Begegnungen. Eine enge Freundschaft wurde daraus erst in Paris, anläßlich meines Stipendiums ab Herbst 1949. Dazwischen gab es, wie der Briefwechsel zeigt, ein Hin und Her, eine Karte und ein Gedicht, ein Jahr Pause und dann ein Anknüpfen, als ich in Paris war.
HÜBNER: Celan hatte in Wien auch Kontakt zu dem Maler und Grafiker Edgar Jené. 1948 schrieb er den Beitrag »Edgar Jené und der Traum vom Traume« für einen Band mit dessen Lithographien.
DEMUS: Celan und Jené hatten keine enge Verbindung, obwohl er eine Zeitlang bei den Jenés wohnte. Celan hat nachher die Jené-Graphik aus den Exemplaren von »Der Traum vom Traume« herausgerissen, wenn er sie verschenkt hat. Er wollte sich damit nicht einig zeigen.
SCHÖTTKER: Warum hat Celan Jené mit der Korrektur seines Gedichtbands »Der Sand aus den Urnen« beauftragt, als er im Juni 1948 nach Paris ging, obwohl dieser kein Schriftsteller war? Er hätte sich denken können, daß Jené das nicht so sorgfältig machen konnte.
DEMUS: Jené hat Celan auch finanziell ein bißchen geholfen, denn der war völlig mittellos, als er nach Wien kam. Vielleicht hat er ihn deshalb gefragt. Aber das war eine rein äußerliche Geschichte, ohne daß die beiden als Künstler miteinander etwas zu tun hatten.
HÜBNER: Was haben Sie mit Celan in Paris unternommen, als Sie für einige Monate dort waren? Haben Sie über Gedichte gesprochen?

DEMUS: Es war spärlich, was wir miteinander gesprochen haben. Über Gedichte haben wir nur selten geredet. Er hat manchmal gesungen, auch russische Lieder. Und wir gingen abends durch die Stadt. Er holte mich im Hotel ab; er wohnte in der Nähe. Nein, über die Gespräche wüßte ich wenig zu sagen. Sie kamen immer aus einem plötzlichen Einfall. Celan war kein großer Sprecher oder Redner.
SCHÖTTKER: Dennoch klingt Ihr Briefwechsel manchmal wie der eines Paares – ungewöhnlich für zwei Männer mit Ehefrauen.
DEMUS: Ja, ich habe Celan furchtbar gern gehabt. Deswegen ist meine Diktion an manchen Stellen sehr privat. Warum soll man das die Öffentlichkeit nicht sehen lassen?
SCHÖTTKER: Man hat bisweilen den Eindruck, es ist ein Spiel mit Nähe, um die Verbindung poetisch zu überhöhen.
DEMUS: Das ist vielleicht eine Untugend meines Schreibens, aber bewußt war mir das nicht. Es war eine ungewöhnlich enge Verbindung.
HÜBNER: Der Briefwechsel gibt nicht nur Auskunft über Ihre Freundschaft mit Celan, sondern enthält auch eine Reihe von Lektürehinweisen sowie Mitteilungen über zeitgenössische Autoren.
DEMUS: Es steht ja zur Enttäuschung vieler Leser nicht viel über Poesie in den Briefen. Es überwiegt das Privat-Menschliche, nicht das Literarische. Darüber hat Celan, soviel ich weiß, selten mit jemandem gesprochen. Er war isoliert. Er wollte seine Poesie nicht mit der von anderen vergleichen.
SCHÖTTKER: Dennoch haben Sie Celan Gedichte und Essays von Gottfried Benn geschickt, von dem Sie offenbar viel gehalten haben. Celan ist darauf nicht eingegangen. Haben Sie mit ihm über Benn gesprochen?
DEMUS: Ich habe mit ihm über alle Autoren gesprochen, die für uns wesentlich waren. Und Benns Beherrschung der Sprache war für uns beide interessant. Aber ob wir damit auch den Autor akzeptiert haben, steht auf einem anderen Blatt. Das war für Celan, möchte ich sagen, nicht der Fall.
SCHÖTTKER: Aber Benn war in den fünfziger Jahren, also in der Zeit, in der Celan seine ersten Gedichtbände veröffentlichte, einer der bekanntesten Lyriker – für viele waren die Gedichte ein Maßstab.
DEMUS: Das galt weder für Celan noch für mich, obwohl ich Benn viel verdanke, in gewisser Weise.
HÜBNER: Hatten Sie mit Benn Kontakt?
DEMUS: Ich habe ihm einmal einen Brief geschrieben, auf den ich keine Antwort erhielt. Das war ein eher hilfloser Brief aus den Nöten meines Schreibens heraus. Ich wüßte heute nicht, was er darauf hätte antworten sollen.
SCHÖTTKER: Sie haben Ernst Jünger 1951 in einem Brief eindringlich gebeten, sich für die Publikation der Gedichte Celans einzusetzen, und Sie haben

auch Celan zu bewegen versucht, in der Sache an Jünger zu schreiben. Celan hat das schließlich getan und von Jünger die Antwort erhalten, daß ihm die Gedichte gefallen, er aber vermutlich wenig für eine Publikation tun könne. Warum ausgerechnet Jünger? Das lag angesichts von dessen soldatischer und politischer Vergangenheit doch nicht unbedingt nahe.

DEMUS: Die politische Seite Jüngers war für mich nicht vorhanden. Celan hat sie wahrscheinlich viel besser begriffen. Aber er hielt sie trotz mißtrauischer Beobachtung wohl nicht für so gravierend, obwohl er äußerst empfindlich auf politisch rechte Haltungen reagierte. Es war in erster Linie die Meisterschaft der Sprache, die wir beide gesehen haben und die uns zu Gesprächen bewog. Und diese Meisterschaft war uns wie die von Benn etwas wert. So fiel vermutlich die Entscheidung, wen man in Deutschland um Unterstützung bitten könne, ganz natürlich auf Jünger. Ich wüßte sonst keinen Grund.

SCHÖTTKER: Bemerkenswert ist, daß 1949, also etwa zwei Jahre vor Ihrer Initiative, der erste Band der »Strahlungen« erschienen war, in dem sich Jünger auch um eine Auseinandersetzung mit dem Nationalsozialismus bemühte und die Vernichtung der Juden erwähnte. Jünger war damit der erste Autor der politischen Rechten, der sich davon distanziert hat. Hat Celan das wahrgenommen?

DEMUS: Ganz bestimmt!

SCHÖTTKER: Celan hat Heideggers Aufsatz »Über ›Die Linie‹«, der 1955 in der Festschrift zum 60. Geburtstag Jüngers erschienen war, aufmerksam gelesen und sich mit anderen Schriften Heideggers ebenfalls intensiv beschäftigt. Hier ging die Beziehung noch weiter. Als Celan 1967 in der Freiburger Universität las, fuhr er anschließend mit Heidegger zu dessen Hütte im Schwarzwald. Wenig später schrieb er das Gedicht »Todtnauberg«. Es wird als Auseinandersetzung mit Heideggers Schweigen über sein Bekenntnis zum Nationalsozialismus im Jahr 1933 gedeutet.

DEMUS: Das »Todtnauberg«-Gedicht wird bis jetzt falsch gedeutet. Der Celansche Text ist meiner Überzeugung nach nichts als das schlichte Denkmal einer Begegnung, das die wenigen Einzelheiten, die es gab, als gemeinsam beschrittenen Weg festhalten will – ohne doppelbödige Tendenz. Aber man hat ja sogar die »Knüppelpfade« als KZ-Anspielung deuten wollen! Hierfür gilt doch wohl: »Honni soit qui mal y pense!« Außerdem ist es lächerlich.

SCHÖTTKER: Das klingt sehr bestimmt. Sie würden das Gedicht also nicht als kritische Auseinandersetzung mit Heidegger auffassen? Celan spricht hier von seiner »Hoffnung« auf das »kommende Wort« eines »Denkenden«.

DEMUS: Das ist eine spätere Version, die Celan sich zurechtgelegt hat. Er hat es mir selbst erzählt. Und Heidegger dachte sicher auch nicht, daß ein bestimmter, gar ein politischer Grund Celan zu dem Treffen bewogen haben könnte. Selbst die Veröffentlichung des Gedichts hatte noch keinen solchen Hintergrund.

HÜBNER: Haben Sie selbst Heidegger kennengelernt?

DEMUS: Leider nicht! Ich war 1974 nur durch eine Tür von ihm getrennt. Er war in seinem Schlafzimmer, und ich war in seinem Haus und wollte ihn besuchen. Aber er hat mich wegen eines Termins am Nachmittag nicht empfangen können. Seine Frau brachte ihm sein Hölderlin-Buch hinein, das ich gekauft hatte. Das hat er signiert. Ich habe seine Stimme gehört. Und dann habe ich ein paar sehr schöne Briefe von ihm.

HÜBNER: Heidegger hat Ihre Gedichte gelesen und Ihnen darüber geschrieben?

DEMUS: Ja, und er hat Schönes darüber gesagt. Eine Formulierung lautete: »Dem Dichter des großen Scheinens der Natur als Welt.«

HÜBNER: Ich würde gern auf Celans Erfahrungen mit den Nationalsozialisten in Czernowitz, seinem Geburtsort, zu sprechen kommen, da das in den Briefen ausgespart wird. War das auch in Ihren Gesprächen so?

DEMUS: Es waren zunächst nicht die Nationalsozialisten, sondern es war die rumänische SS. Und da hat er mir manchmal einiges erzählt. Eine sehr merkwürdige Erzählung war folgende: Celan war etwa 1941 in einem Arbeitslager und sollte in ein schärferes Lager gebracht werden. Er hat sich versteckt und versucht, sich unsichtbar zu machen. Den Wachhabenden aber war aufgefallen, daß die Zahl der Häftlinge nicht stimmt. Es war ein Mann zuviel da, das war er. Dann wurden sie auf einem großen Platz namentlich aufgerufen. Sie sollten über den Platz gehen und sich auf der anderen Seite aufstellen. Und zwischen zwei aufgerufenen Namen ist Celan über den Platz gegangen, ohne daß er aufgerufen worden war, und hat dabei seine Fingernägel gereinigt. Er wußte, daß das eine Praxis des Chassidismus war, sich mit einer gewissen inneren Einstellung unsichtbar zu machen. In der Not fiel ihm diese Praxis ein und sie hat ihm geholfen. Kurz, er ging über den Platz und es wurde nicht bemerkt. Dann wurde erneut abgezählt und es war wieder einer zuviel. Und das Ganze ging noch einmal zurück. Und er gelangte wiederum auf die andere Seite. Das ist eine der ganz wenigen Begebenheiten aus diesen Jahren, die er mir berichtet hat. Sonst weiß ich sehr wenig. Er hat von seinem Leben nicht viel gesprochen.

HÜBNER: War Ihnen und Celan bewußt, welche Bedeutung die »Todesfuge« bekommen sollte, nachdem das Gedicht Ende der vierziger Jahre erstmals auf Deutsch gedruckt worden war? In den sechziger Jahren wurde es eines der bekanntesten Gedichte überhaupt.

DEMUS: Nein, das war uns zunächst nicht bewußt. Celan konnte das Gedicht später nicht mehr ausstehen. Es ist hochgespielt worden. Wir haben Celan

sehr oft die »Todesfuge« sprechen hören, aber schließlich hat er gesagt: »Nicht die ›Todesfuge‹, es ist kein gutes Gedicht.«
SCHÖTTKER: Aber Celan hat zu der Wirkung beigetragen. Er hat dieses Gedicht immer wieder vorgelesen und mehrfach auf Schallplatte gesprochen.
DEMUS: Natürlich, es wurde verlangt, so daß er dem Bedürfnis nachgab. Er wußte, daß er als Dichter mit der »Todesfuge« identifiziert wird, und dem hat er sich gefügt – eine Zeitlang.
SCHÖTTKER: In »Von Schwelle zu Schwelle« gibt es das Gedicht »Die Winzer«, das Ihnen und Ihrer Frau gewidmet ist. Fühlen Sie sich gut getroffen?
DEMUS: Das ist völlig falsch gewidmet, das ist ein Lückenbüßer. Er hatte uns ein anderes Gedicht gewidmet, das auf einen Aufenthalt in Millstatt, der Heimat meiner Frau, zurückgeht. Es heißt »Nächtlich geschürzt« und steht ebenfalls in »Von Schwelle zu Schwelle«. Anlaß war ein gemeinsames Spaziergangserlebnis. Aber dann hat Hermann Lenz, als er das Gedicht las, ihn gebeten, das Gedicht ihm und seiner Frau zu widmen. Und das hat Celan getan. Daraufhin bekamen wir als Ersatz »Die Winzer«, mit dem wir überhaupt nichts zu tun haben. In »Nächtlich geschürzt« gibt es den Vers: »die Dohlen über dem Gletscher«. Celan hat ihn geschrieben, nachdem er die Vögel gesehen hatte, als er zusammen mit seiner Frau von Millstatt aus im Omnibus auf der Glocknerstraße zurück nach Salzburg fuhr.
HÜBNER: Sie haben in einem Brief an Celan vom Juni 1962 den »Verdacht« geäußert, er könne »an Paranoia erkrankt« sein. Das hat zu einem Bruch in Ihrer Freundschaft geführt, so daß Celan bis 1968 nicht mehr auf Ihre Briefe geantwortet hat. Was war der Anlaß?
DEMUS: Ich war kurz zuvor bei ihm in Paris und habe gesehen, daß die Krankheit ihn innerlich sehr verändert hat. Celan hat mich zum Schluß fast zur Tür hinausgeworfen. Er meinte, ich sei mit seinen Feinden im Bunde. Die Goll-Affäre hatte ihn sehr mitgenommen. Er hat mich zum Fenster geführt und gesagt: »Dort unten steht ein Auto, das paßt auf mich auf«. Und da habe ich gewußt, daß er unter Verfolgungswahn leidet.
SCHÖTTKER: Es kommt in den Briefen zum Ausdruck, daß Sie die Veränderungen in der Lyrik Celans mit seiner Krankheit in Verbindung gebracht haben.
DEMUS: Ja, seit dem Band »Niemandsrose« von 1963. Seither habe ich Celans Gedichtbegriff nicht mehr anerkennen können. Er hatte sich sehr verändert. Die einzigartige Liebenswürdigkeit, die sich bis dahin auch in seiner Lyrik ausgesprochen hatte, wich einer ganz anderen Haltung, die ich jetzt gar nicht charakterisieren will. Jedenfalls habe ich dies als poesiefeindlich empfunden.
SCHÖTTKER: Würden Sie sagen, daß die Veränderung der Sprache in Celans späten Gedichten auf seine Erkrankung zurückzuführen ist?

DEMUS: Durchaus. Die geniale Sprachbegabung war nicht von der Krankheit betroffen, nur ihr Gebrauch ist krankhaft geworden. Aber auch nicht durchgängig in allen Gedichten. Es gibt da ein Auf und Ab. Celan hat mir 1968, als ich ihn zuletzt in Paris aufgesucht habe, in seinem Arbeitszimmer in der École Normale Supérieure zwei Konvolute mit Gedichten gezeigt. Auf einem stand: »Nicht zu veröffentlichen«, auf dem anderen: »Niemals zu veröffentlichen«. Er hat mir berichtet, daß er sich während des Aufenthalts in Kliniken durchs Schreiben am Leben gehalten habe. Seine Meinung über die Konvolute aber war, daß es sich nicht um Poesie handle. So hat er die Veröffentlichung untersagt. Leider sind diese beiden Konvolute veröffentlicht worden: in den »Gedichten aus dem Nachlaß«. Sie sind nicht einmal so sehr verschieden von den Gedichten der späten Bände. Celan-Leser können den Unterschied nicht recht merken, sie nehmen auch diese Texte wahrscheinlich als endgültig, als gewollt.
HÜBNER: Wie sehen Sie heute Ihre Beziehung zu Celan?
DEMUS: Was soll ich sagen? Celan ist seit langem ein abgeschlossenes Kapitel in meinem Leben, ein sehr schönes und zugleich furchtbar schmerzliches. Er war einer der wunderbarsten und liebenswürdigsten Menschen, aber die Krankheit hat ihn ganz verändert. Er hat mich jahrelang für einen Feind gehalten.
SCHÖTTKER: Aber das scheint dem Krankheitsbild der Paranoia zu entsprechen.
DEMUS: Freilich. Das hat mich ja auch bewogen, es ihm zu sagen. Aber das ging anderen auch so. Der Bruch mit Rudolf Hirsch war auch gräßlich, ebenso der mit Ingeborg Bachmann. Es ist eine furchtbare Sache, einen von Natur begnadeten Menschen so in die Finsternis hinuntersinken zu sehen. Aber man begreift das auch heute noch nicht. Die Sprachfähigkeit war genial bis zuletzt, der Gebrauch davon wurde es immer weniger. Und überhaupt, wie soll man die gesunde und die kranke Zeit trennen? Entschuldigen Sie, das ging jetzt zu sehr ins Private. Aber der Fall Celan ist noch nicht entschieden.
HÜBNER: Ihr letzter Gedichtband ist 2008 erschienen. Schreiben Sie weiterhin?
DEMUS: Ich schreibe fast jede Nacht. Es kommt noch ein sechzehnter Band. Er wird den Titel »Kosmos« haben. In »Sinn und Form« sind 2007 bereits zwei Stücke erschienen. Ich bin sehr angezogen von den Bildern, die man vom Weltraum sehen kann. Es gibt Prachtpublikationen aus den astronomischen Zentren, aufregende Bilder der Galaxien. Es ist vielleicht der Beginn eines neuen »Entdeckungszeitalters«. Dort sieht man noch Neues und zugleich das, worin wir immer gelebt haben: den Kosmos. Und darüber wollte ich schreiben.

KLAUS DEMUS

LICHTREICHE NACHT AUF GEWÄSSERBLITZENDER ERDE

MONDNACHT – Gewässer der Alpen, sprudelnde
Quellbäche, Flüsse durchrauschten Gesteins,
im Schimmer blitzende Seen: heut wieder
besucht sie, widergestrahlt von der Sonne,
das Licht, das jetzt drüben den Erdentag steil
erleuchtet, hier aber dem Erd-Trabanten,
wie unvollkommen immer, sein Antlitz
voll auszuspenden befiehlt: Halbhelligkeit,
dämmrig, erfüllt die getieften Räume –
soweit sies gewahren, schattendurchstreift:
der Mond, er selbst, bereitet die reine
Bahn für eine lichtreiche Nacht
auf gewässerblitzender Erde.

WILLKOMMEN die Sonnenrast
hoch an Waldrands Hang –
nur Vogellaute erzählen, und
tief Bachs Rauschen im Grund.
Groß überm Wäldermeer
steht der Tag, steil
wirft das Licht seine Schatten,
und Waldglück verlockt,
die Lider für kurz nur
gemeinten Schlaf zu schließen.
Aber: spät erst erweckt
das schrägere, abendverkühlte
Abschiedsstrahlen, befiehlt,
aus den Wäldern zu gehen: schon
dem höchsten Glühen entgegen!

WALDS FICHTEN
im Nieseln des Regentags:
über und über schwillt ihr
glänzendes Nadelkleid von lichten
Tropfen, die wachsen und sich,
gefallen, gleich wieder erneuern –
jede, mittätig im himmlischen
Spenden, ein quellender Baum:
vieltausendfach auf den Bergen
heut wiederholt!

J. D., GROSSE RÖTELZEICHNUNG

Eingefaßt im Gegenlicht
Abendscheins die Geschwistergestalt
zweier ragender Bäume – in ihres
gemeinsamen Herbstkleids Gold
lebt wie Blühen ein Leuchten:
lichthäusig hält drin der Raum
sein Durchstrahltes fest, solang
ihr Gezweig sich scheidet vor
Tagesrests versinkendem Rot –
Doppelkirchtürme, voll im Geläut!

NACHTS hatte der Nebel im Wald gehaust –
die Morgensonne strahlte in dichten Reif:
alle Bäume starrend in blitzendem Weiß,
ihr ganzes Gebäude Licht – für Entzückens
nur kurze Zeit: denn die goldene Schmelzungskraft
taute die winziggenadelten Blütengebilde
des Frosts hinweg, so wie Tags
erwärmende Sonnenstunde vorschritt:
nun glänzen die schwarzen Geäste!

MONDNACHT – fernhell der Glanz
auf dem See vom Eis: wag ich
aufs Abgründige, Dunkel-Gläserne

mich hinaus, bis wo Licht
von drunten, von droben mich
flammend umspielt; daß mich
Weltraums Schauder ergreifen?

In Linsen, Spiegeln, Schirmantennen
empfängt, über Milliarden Lichtjahre
gestuft, sich der Tiefeninhalt des Alls:
unzähliger Welten Sonderleben
in schimmernder Lichtgestalt,
farbenblühend ihr kreisendes
Sternengeschütt um den blendenden
Korbblütlers-Kern, zu schwungvollen
Tänzers-Fahnen gewickelt, gleich
Blütenzweigen im Frühling:
in jeder dreht sich der gleiche
fortwährende All-Impuls, schöpferisch
Stern-erzeugend, Stern-verbrennend,
im überzahllosen Lichterkranz;
Rosen, Kamelienblüten, Winden leuchten
im Finsternisraum – zuletzt ists
die Schönheit, um die jede neuentdeckte
uns den Kosmos bereichert!

Der Mond ging meinen Fenstern
längst vorbei, doch zeugt
Gewölbes nachtgefärbtes Blau
von seinem Strahlen drüber:
weltraum-erdenweit,
in ewigem Umlauf blendet er,
mit allen uns verhüllten
Tausenden von Sternen, Licht
aus Schwärze; wir verdanken ihm,
daß unterm Dunstblau Erde träumt
in ihrem Schlaf, Gewässer sich
und blanke Felder zeichnen – mond-
geschaut ihr Antlitz bildhaft bleibt.

VENEDIGERWEG II

Lichtumblendet im Großen,
steilab in knirschenden Rinnen
Schmelzwassers im baren Eis
zum schaurigen Gletscherbruch
gedrängt; ihn hinabgeturnt auf den
Grund, die Zunge, das grauversteint
felsharte, narbengeschnürte
Ende im Kees betretend –
dem bald tiefer drunten der
Talfluß reißend entströmt –,
querte der Fuß im Tiefpunkt das
ganze vergletscherte Einzugs-
gefälle des blendenden Stocks
auf einem schmalen, noch einmal
die Himmelserfahrung im Alteis
bewahrenden, fast toten Strom.

SCHWARZVIOLETTER AMETHYSTKRISTALL
ausmantelt meine aufgebrochne Druse –
tief aus Schacht geschlagen, oder aus
berg-abgetragnem Flußgeschiebe, spät
in Folgezeiten; Ufersand-gelöst als
Rundling und entzweigeschlagen wie
ein Ei – die Wandung, überraschend, starrt
so dicht wie Gipfelwelt der Anden in
Peru, pyramidaler kantenklarer
veilchendunkler Höcker vollgedrängt –
ein unter Druck verglaster Drachenrachen
glänzt, erbrochen, erstmals auf am Licht
unsäglich spätrer Zeit: ein Altertum,
das Erde aufbewahrt im Busen, einst
von sich zu zeugen, wie sie schöpfrisch war –
und Farbe, Schönheit, Glanz mischt' sie hinein.

SEBASTIAN KLEINSCHMIDT

UBI AMOR, IBI OCULUS

Der heimliche Dritte in der Prosa von Angela Krauß

Lange habe ich gesucht nach einem Namen für die besondere Art von Prosa, wie sie Angela Krauß schreibt, für diese mit tänzerischem Schwung aus ihrer Ich-Achse hervorgezauberte Lebensumarmung, für die Grazie dieser Sprache gewordenen Weltresonanz, für die über alle Register der Anverwandlung verfügende Kraft ihrer seelischen Empathie.

So kam sie beispielsweise eines Tages zum ersten Mal nach Triest. »Das Meer im Rücken, zog es mich in die Stadt. Sie machte hinter mir, das spürte ich, noch eine Umfassungsgeste, als schlösse sie sich hinter dem, der vom Meer kommt. Hierher also hatte ich so viele Jahre gewollt. Es gibt Orte, die einladen. Andere, die zeigen, daß sie nicht auf einen warten und es nie tun werden, und andere wieder laden einen ein, ohne jemals zu erlauben, daß man sie wirklich erreicht. Dieser Ort gab mir das Gefühl, in einen Berg hineinzugehen.« Nur wenige Sätze braucht Angela Krauß, um die Sterne ihres Schreibens aufgehen zu lassen. Hier sind es das Sehen großer Formen, das dem Augenblick des Erlebens entspringende Philosophieren und der wortlose Aufbau von Vorfreude. Alle Antennen sind auf Empfang gerichtet. Doch dann die erste Erfahrung: Höllenlärm von Vespas an jeder Kreuzung, die Stadt ein dröhnender Maschinenpark. »Es war ein unerwartetes Geräusch, jedes Mal wenn die Ampeln auf Grün schalteten, kein Anfahren der Motoren, sondern ein wütendes Losspringen, die in den Zweitaktmotoren aufeinanderfolgenden Explosionen schienen zu zerfallen in einzelne Schüsse, wahllos trafen sie die hohen Fassaden des theresianischen Viertels, schlugen in die gegenüberliegende Wand ein und von da wieder zurück und so fort, wie das Verhallen von Irrläufern in einem Schußkanal.« (Triest Theater am Meer, 2007)

Ein weiterer Stern zeigt sich: ihr metaphorisches Sprechen, die Urkraft dichterischer Begabung. Wir sehen nicht nur, wie hier ein Bild zum Inbild wird und so die Wahrheit rückhaltlos zutage kommt. Die Stelle ist auch ein guter Beleg für das Diktum Nelson Goodmans, Metaphern seien Affären zwischen einem Prädikat mit Vergangenheit und einem Gegenstand, der sich unter Protest hingibt. Spürbar wird, wie sehr Realität abweisen kann. Die motorisierte Höllenwelt wartet nicht auf uns, und wir warten nicht auf sie. Also wird sie mit einem Sprachhieb aus dem Weg geräumt.

Die Welt hingegen, auf die wir warten, die wir suchen, ist eine Welt, der wir zustimmen können. Zum Beispiel so: »Ich merke, im Liegen lassen sich leichter waagerechte Gedankenbewegungen machen als senkrechte. Zuerst werden die in der Tiefe ruhenden Ereignisse durch einen blitzschnellen artistischen Akt des Gehirns in die Waagerechte befördert. Nun liegt alles ausgebreitet da wie auf einer Tafel, an der ununterbrochen geschnuppert, geschleckt, gekostet und geschlungen wird. Die Römer speisten im Liegen und auch die Kinder in den Freibädern tun es, danach geben sie sich wie die Menschen zu allen Zeiten dem Liegen auf Decken ohne Vorwand hin. So wie jetzt ich. Wie konnte ich das so lange vergessen?« (Sommer auf dem Eis, 1998)

Diese Hingabe hat wenig mit Romantik zu tun. Sie ist eine elementare Voraussetzung für das poetische Schreiben, ein Schreiben, das sich als Zeuge und Bote der Bejahung versteht. In einer Briefstelle bei Goethe heißt es: »Die Liebe giebt mir alles und wo die nicht ist, dresch ich Stroh ... Ich hab' gekrizzelt seit ich hier bin, alles leider nur von Auge zur Hand ohne durchs Herz zu gehen, da ist nun wenig draus worden« (an Frau von Stein, 27.7.1876). Das läßt an Paulus denken, der im ersten Korintherbrief schreibt: »Wenn ich mit Menschen- und mit Engelszungen redete und hätte der Liebe nicht, so wäre ich ein tönend Erz oder eine klingende Schelle.«

Angela Krauß hat ein untrügliches Gefühl für diese Zusammenhänge. Künstler sein heißt, die Welt und die Dinge durch unmerkliches Berühren zum Reden bringen, und der Stab, mit dem das geschieht, ist der Zauberstab der Liebe. Aber das ist kein technisches Utensil, das unserem Willen gehorcht, nichts, das wir in einem Werkzeugkasten der Schreibkunst finden könnten. Er wird einem gereicht, wir wissen nicht von wem, und er wird einem genommen, wir wissen nicht wie.

Die Erzählung »Weggeküßt« (2002) beginnt so: »Kürzlich wachte ich auf und merkte, noch im Liegen, daß etwas geschehen war. Vorsichtig, ohne mich zu rühren, tastete ich mit halbgeschlossenen Augen meine Umgebung ab. Sie war verändert. Allerdings befand sich alles noch am selben Platz, so wie ich es gestern gegen Mitternacht verlassen hatte. Vertiko, Spiegel, der Stuhl mit den Kleidern standen wie gewohnt um mein Bett herum. Nur schaute keines mich mehr an. Solange ich denken kann, erwache ich morgens in eine Welt, die auf mich wartet. Die Tiere rufen und schreien. Der Schrank, verschlossen und beherrscht, wartet auf mich. Der Stuhl steht mit vor Ungeduld vibrierenden Beinen da, der Spiegel hat die Augen aufwärts gedreht, ich sehe nur das Weiße, ehe er gleich, ein Blick von mir genügt, das Bewußtsein wiedererlangt. Die Wäsche, die Strümpfe, die Kleider warten auf mich, die ich ihr Inhalt bin. Ich blicke mit halbgeschlossenen Augen immer wieder von einem zum andern.

Unverwandte Erscheinungen, die bestenfalls Gegenstände genannt werden konnten, ebensogut auf dem Kopf stehen oder sich jeden Moment zu anderen, beliebigen Molekülketten formieren könnten.«

Das ist er, der unpoetische Zustand. Ist es nur ein Zustand der Welt oder auch ein Zustand unseres Geistes? Und wie läßt er sich überwinden? Durch langes Betrachten, langes Warten, langes Lauschen? Oder muß durch das Außen ein Ruck gehen?

Ein anderes Beispiel. Die Ich-Erzählerin aus der »Überfliegerin« (1995) steht nachts am Fenster ihrer hochgelegenen Wohnung und schaut hinunter auf den großen Kopfbahnhof. »Der Mond steht über dem Bahnhofsgelände, weiß im Morgenblau, die Parallelen der zwei Schienen eines Gleispaares treffen sich im Unendlichen, hinter den steinernen Fluchtpunkten der Schornsteine und Lichtmasten, der Kabelbäume, hinter dem Gestängewald. Die ersten Jahre trat ich ans Fenster wie andere Leute ans Meer. Meistens ruhte es. Es tat nichts, um meine Aufmerksamkeit zu reizen. Es richtete sich überhaupt nicht an mich. Es nahm keine Notiz. Es existierte für sich, nach seinen Gesetzen. Es war Natur. Die Natur vor meinem Fenster. Ich war es, die sie umwarb. Immer lag sie nachlässig da, verwildert, verkommen, so daß jeder Fremde sich vor ihr fürchten mußte. Nur ich verstand mich auf das erschöpfte Gesicht dieser Stadtwelt. Durch langes, genaues, liebendes und wütendes und verzweifeltes Anschauen gewann ich sie ganz langsam, Jahr um Jahr, für mich. Sie hat keinen Liebreiz. Nichts Zärtliches, nichts was tröstet. Sie war die Welt, die es auszuhalten galt, und ich war ihr gewachsen.«

Das ist zwar noch kein poetischer, aber auch kein unpoetischer Zustand mehr. Es ist, könnte man sagen, ein ins Philosophische gehobener vorpoetischer Zustand. Und diese Verwandlungstat ist eine Leistung des sich hingebenden Bewußtseins.

Aber es gibt noch eine dritte Konstellation. In »Der Dienst« (2001), einer Schmerzensmesse für ihren Vater, einen durch Freitod aus dem Leben gegangenen Offizier der sächsischen Bergbaupolizei, schildert Angela Krauß eine Szene ihrer Kindheit: »Mein Vater beugte sich über mich, während ich schlief, und sah mich an. Er roch gut. Manchmal nach feuchtem Filz oder nach warmer, verschwitzter Wolle oder trocken nach Graphit und Leder, nach schweinshellem Koppelleder, Stiefelleder, Pistolentaschenleder, nach Kragenbindenschweiß, sogar nach den kalten Aluminiumknöpfen konnte er riechen oder nach den Stempelfarben in den Ausweisseiten, die leicht zusammenklebten unter dem Einfluß der Körperausdünstungen. Er strömte eine starke, gleichmäßige Wärme aus, die im Innenfutter der Uniform zunahm und stärker wurde bis in die Taschenzipfel hinein, wo die Börse für Kleingeld steckte, die ich ihm aus einem Lederrest gebastelt hatte. Seiner Aktentasche, seinen Händen, seiner Halsgrube, allem entströmte der trockene, tiefe, warme Geruch seiner Uniform, wenn er sich früh, während ich noch schlief, über mich beugte.«

Das ist der poetische Zustand, die reine Sinnenbejahung, keine Bilder, keine Metaphern, keine Gedanken, nichts anderes als ein Luftstrom, das Duftkissen einer Erinnerung, alle Worte betörend frisch, das Gefühl lebendig und nah am Gegenüber. Wir sehen: Nicht immer ist die Liebe nur ein Fest für Augen oder Ohren, hier ist sie endlich auch einmal ein Fest für die Nase. Von allen Antennen des Menschen ist der Geruchssinn der einzige, der sich nicht täuschen läßt, und zugleich derjenige, der das längste Gedächtnis hat und die tiefste Schicht erreicht, die der Chemie, des geheimen Zentrums aller Anziehung.

Angela Krauß ist nicht nur eine poetische, sie ist auch eine philosophische Wünschelrutengängerin, sie sucht nicht nur nach den Quellen physischer, sondern auch nach den Quellen metaphysischer Harmonie. Harmonie ist ein Begriff, der heute leicht und ganz zu Unrecht unter Kitschverdacht gestellt wird. Man muß ihn jedoch der Trivialisierung durch Wohlfühlphilosophen entreißen und zurückrufen in die hermeneutische Obhut derer, die verstehen, was gegenstrebige Fügung, spannungsgeladene Einheit, nichtruhendes Gleichgewicht bedeuten. Die schönste Harmonie ist die verborgen pulsierende, konspirative; durch ein Geheimnis besiegelt und der Verschwiegenheit der Mitverschwörer anvertraut.

Angela Krauß weiß um solche Dinge. Und es ist dieses Vordringen hin zur Verborgenheit, dieses Verschmelzen von Sehen, Fühlen und Denken, von Gedicht und Gedanken, von Sinnlichkeit und Abstraktion, von Musik und Geometrie, was den pythagoreischen Zauber ihres Schreibens ausmacht. Eine durch routinierte Betrachtung und stumpfe Sprache dürr gewordene, an Übermaß von Meinungsrede erstickende Welt erwacht zu neuem Leben. Es ist wie die Rückkehr zum Glanz der ersten Blicke, zur Freude der Erstbegegnung, eine Art wiedergeschenkte Schönheit des Anfänglichen. In Angela Krauß' magischer, von hingebendem Staunen belebter Sprache gewinnt die Welt wieder Gestalt, Gleichnischarakter und Selbstheit. Manchmal gelingt ihr das mit einem einzigen Satz, zum Beispiel so: »Schön sind Libellen, wenn sie in der Luft kurz und fragend innehalten.«

Wenn wir erkennen, worin diese Sprache besteht, eine Sprache, in die sie ihr ganzes Wesen gelegt hat, werden wir begreifen, warum sie schreibt und worin die Wahrheit ihrer Bücher besteht. Und werden auch einen Namen gefunden haben für ihre Prosa-Rhapsodien, das Rätselhafte ihrer Daseinsbeschwörung, diese sich allen Gattungsdefinitionen entziehende engelgleiche Selbsterzählung, diese ins Rühmen gestellten, der bedrohten und bedrohlichen Welt abgetrotzten, hell und klar wie nächtliche Sterne leuchtenden Wortkunstwerke.

Mir scheint, daß der schöpferische Ausgangspunkt für Angela Krauß der Impuls ist, Welt und Ich elementar wahrzunehmen, zu benennen und zu befragen, und zwar auf einen Sinn und eine Form hin, die ihr die Anrufung ermöglichen und ihr erlauben, einen Wechselgesang anzustimmen, sich einzuwiegen, sich zu entflammen, zu rühmen. Leicht ist es nicht, einen solchen Weg zu gehen, eher ein großes Wagnis.

Enthusiasmus ist eine der am schwersten zu bewältigenden Aufgaben in der Kunst von heute. Olivier Messiaen sagt: »Wenn Sie die zeitgenössische Musik ansehen: kein Mensch drückt die Freude aus. Die Freude ist sehr viel schwieriger auszudrücken als der Schmerz.«

Angela Krauß ist ein Pionier auf diesem Gebiet. Natürlich weiß sie um das Negative, die Unmenge an Häßlichem, Abscheulichem und Bedrückendem in der Welt und um das Zerstörerische und Selbstzerstörerische im Menschen – das alles gehört ja zum vibrierenden Untergrund ihres Erzählens. Aber sie vertraut auf einen anderen Begriff von Fülle, ein anderes Verhältnis von Leben und Kunst. Wie Novalis, der da sagt, daß an einem wilden Baum die Blüten duften und an einem veredelten die Früchte. Schreiben ist für sie ein Dienst am Möglichkeitssinn, an der Verwandlung, eine Art fröhliche weibliche Wissenschaft. Die Botschaft lautet: »Der Mensch beherbergt eine gewaltige Kapazität, die nicht zugeschaltet ist. Der Mensch ist nicht vollendet! Er lebt auf einer Vorstufe seiner Bestimmung dahin.« (Im schönsten Fall, 2011) Angela Krauß kann von sich sagen: Ich bin Zeuge für eine verwandlungsfähige Welt, für ein verwandlungsfähiges Ich. Der Zustand der Welt *ist* der Zustand unserer Herzen. Oder wie der heilige Augustinus so schön sagt: »Wir wollen gut leben, dann sind auch die Zeiten gut – die Zeiten, das sind wir – wie wir, so sind die Zeiten.« Autor sein bedeutet, sich immer von neuem zu fragen: Wie bist du gemeint? Wofür willst du Zeuge sein? Die Kunst ist ein untrügliches Sinn- und Sinnenzeugnis. Aber Sinn hat bei Angela Krauß keine feste Form, und Form keinen festen Sinn. Das Wechselverhältnis erfüllt hier alle Bedingungen der Rätselhaftigkeit.

Angela Krauß' Wortkunst enthält ein dialogisches Ferment, das aus geheimen Quellen zu stammen scheint. In »Wie weiter« (2006) gibt sie einen Hinweis. Den Text durchgeistert eine imaginäre Anrede an ein unwahrnehmbares Du. Dieses Du ist keine Figur der Erzählung. Es ist ein spirituelles Wesen. Gleich im ersten Satz wird es angerufen: »Du, der Du alles weißt!« Auch die Schlußworte des Buches gelten ihm: »Du weißt es. Wenn nicht: hier bin ich. Ich meine Dich! Mehr oder weniger unsichtbar sind alle, die wir eigentlich meinen. / Alles Sichtbare ist ein Versprechen. / Das Begrenzte weist auf das Weite hin. / Jeder Faßbare vertritt Dich. / Hier bin ich. / Ich meine Dich.«

Durch dieses Du kommt ein gleichsam überirdischer Mitwisser ins Spiel, kein herrscherlicher, mehr ein brüderlicher. Man ist geneigt, in diesem Du so etwas wie einen shakespeareschen Ariel zu sehen, einen Luftgeist, einen von oben gesandten Begleiter und Beschützer des Erzähler-Ichs, einen heiteren Engel, dessen Auftrag es ist, wortlos darüber zu wachen, daß Gottes Welt und seine Geschöpfe in Reinheit zur Anschauung kommen. Dieser Engel ist der heimliche Dritte in der Prosa von Angela Krauß. Eine Art Fluidum, die magische Ergänzung alles Gesehenen und Erzählten. Sie steht für Thomas von Aquins Prinzip: ubi amor, ibi oculus – wo die Liebe, da das Auge. Die Liebe ist die Brücke, ist das Tor zur Schönheit, einer Schönheit, die oft verdeckt ist, die aufgesucht, gefunden und ins Licht gestellt werden will. Das ist die eigentliche Arbeit in der Kunst von Angela Krauß: dieses Perlenfischen und Perlenverschenken, das Erschaffen von Festlichkeit in der kleinsten Zelle, das Einhauchen von Zustimmung bis ins kosmische All. Das alles muß der Mode, dem Design, dem Kitsch, dem Kommerz, der Werbung entrissen, es muß buchstäblich geraubt werden. Wie die Wahrheit, die auch ein Raub ist, wie die Liebe, die immerdar räubert. Die Kunst irrt, wenn sie glaubt, dieses Terrain aufgeben zu dürfen, wenn sie die Schönheit, diese Nahrung des Seelengefieders, geringschätzt und die Bejahung flieht, nur weil sie das Einverständnis fürchtet.
Ich muß an Gerard Manley Hopkins' wunderbares Gedicht »Pied Beauty« denken, übersetzt von Michael Mertes:

> GEFLECKTE SCHÖNHEIT
>
> Ehre sei Gott für alle getüpfelten Dinge – / für Farbflicken-Himmel, gefleckt wie eine Kuh; / für Rosen-Male, gesprenkelt auf schnelle Forellen; / Fall-Kastanien, frisch glühend; Finken-Schwingen; / Landschaft, gestreift und gestoppelt – Bruch, Brache und Pflug; / für alles Gewerk – sein Gefüge, Gerät und Gestell. // Alles, was schräg ist, urwüchsig, nutzlos, verquer; / alles, was schillert und scheckig ist (wer weiß, wozu?) / was hüpft, hinkt; süß ist, sauer; blaßgrau, grell; / was er, dessen Schönheit stets währt, ins Leben ruft: / Preist ihn!

Apropos Kuh, Forelle und Fink, apropos Tiere. Aus Angela Krauß' Büchern wissen wir, daß sie gern in den Zoo geht: »Ich besuche die Tiere mindestens einmal im Jahr. Mir ist aufgefallen: immer dann, wenn ich etwas nicht verstehen kann.« Wenig später heißt es: »Ich trete ein und beginne mit dem Schauen. Ich denke nichts. Ich habe keine Meinung. Meine sogenannten Erfahrungen, sie sind mir abhanden gekommen. Statt dessen die Stimmen der Tiere, sehnsüchtig alle, hemmungslos, stark. Ein Rufen und Schreien. Nach wem? Nach was?« (Weggeküßt)

In »Die Gesamtliebe und die Einzelliebe« (2004), ihren Frankfurter Poetikvorlesungen, stehen die Sätze: »Die Tiere betrachten uns. Wer weiß, wer uns noch alles betrachtet und von wo.« Es ist gut, daß der Mensch nicht nur von seinesgleichen angesehen wird. Es ist gut, daß er sich in einem Wesen über sich und in Geschöpfen unter sich spiegelt. Nur so kommt er über ein blind machendes anthropozentrisches Selbstverständnis hinaus, begreift, daß er Erdenkind und Gotteskind in einem ist, daß er den Auftrag hat, die Balance im Ganzen des Seins zu bedenken und zu behüten. Und die Liebe darin, die Liebe des Menschen, was ist sie? Sie ist wie ein Sich-nach-oben-Verlieren und ein Sich-nach-unten-Hingeben.

Das Schönste an den Tieren ist, daß sie nicht sprechen. Daß sie einfach nur da sind und weder sich noch die anderen kommentieren. Angela Krauß hat eine wunderbare Empathie für sie. Für mich ist das ein echtes und starkes Kriterium der Künstlerschaft. Wer mir ein Buch empfiehlt, den frage ich: Kommen Tiere darin vor? Lange Zeit wußte ich nicht, warum ich das tue. Angela Krauß hat in »Weggeküßt« eine überraschende Antwort gegeben. Sie sagt von den Tieren: »Sie denken, daß sie unsterblich sind, und brauchen dafür keine Gründe zu nennen.« Und in ihren Frankfurter Poetik-Vorlesungen hat sie ergänzt: »Ja mehr noch: für nichts, gar nichts brauchen sie Gründe zu nennen. Sie erlauben uns nicht, sie zu beurteilen, sie erklären sich nicht, sie halten das offen. Und sie zwingen uns damit in diese Offenheit, sie nötigen uns, diese Offenheit, den undefinierten Raum, der sie umgibt, auszuhalten. Dieser undefinierte Raum ist es auch, der ein Kunstwerk umgibt.«

Dichter sein heißt, die offenen Räume des Seins durchmessen, ihnen Gestalt geben, Sprache, Atem, Rhythmus und Klang. Ihnen Stimme geben und Licht und Geist. Geist, der in die Tiefenerfahrung des Lebens hinein-, Licht, das in die Höhenerfahrung des Bewußtseins hinausreicht. Angela Krauß ist eine solche Dichterin. Eine Dichterin, die sehr wohl von Öde und Enge, von Fiasko und Dunkelheit weiß und gerade deshalb vor allem eines beherzigt: Nicht ohne Licht reden! Denn das Licht ist die lebendige Zeit.

JULIA SCHOCH

WO VENEDIG EINST GESTANDEN HABEN WIRD

An der Stelle, wo Venedig einst gestanden haben wird … So weit ich mich zurückerinnern kann, habe ich eine Schwäche für die Zeitform der vollendeten Zukunft gehabt. Etwas vom Ende her denken. Wenn die Zeiten in eins gefallen sind – Vergangenheit, Gegenwart und Zukunft zusammengeschrumpft auf einen Punkt. Ähnlich kompakt und ununterscheidbar wie die Tausenden von Menschen in der Vorstellung, die mich seit langem verfolgt: Dicht gedrängt stehen sie auf der Insel, die diese Stadt darstellt, einer Art Scholle, die langsam, sehr langsam sinkt. Keiner von ihnen rührt sich, nur den Arm mit dem Fotoapparat strecken sie plötzlich und in einer seltsamen Übereinstimmung stumm nach oben, wie anstelle des Kinns, das ein Ertrinkender ganz automatisch nach oben reckt. Die Scholle mitsamt den Besuchern darauf sinkt weg, und zurück bleiben die Apparate, in denen Millionen von Fotos gespeichert sind und die ins Meer hinaustreiben, sich dort verlieren, die Bilder einer untergegangenen Welt als sinnlose, ewige Fracht mit sich tragend.

Als ich mich im Dezember in Venedig zum *Europa* begab, geriet ich zunächst in einen toten Gang. Und ein anderer, ebenso enger, war schon besetzt: Wie paßt ein Baugerüst in einen 50-Zentimeter-Schlauch, und wie kommt ein Reisender daran vorbei? So fragen Fremde. In jedem Fall war es der richtige, er führte zum Eingang des Hotels, in einen steinernen Hof, der ansonsten von verlassenen Häusern umstellt ist: sämtlich vernagelt die Fenster und Türen, davor ein Brunnen, gleichfalls dichtgemacht, dem Rost des Metalldeckels nach nicht erst seit kurzem.

Ich hätte auch vom Wasser her, per Boot, kommen und direkt an der Vorderfront des Hauses aussteigen können: das *Europa*, an der Einfahrt zum Canal Grande gelegen, besitzt wie fast alle teuren Hotels der Stadt einen eigenen Anlegesteg. Dann wäre ich grußlos durch eine schmale Schwingtür in ein vollkommen stilles Hotel getreten. Rechnet das Personal nicht mit Gästen von dieser Seite her? An einem unbesetzten Stehpult vorbei, wohl als Ersatz gedacht für eine Rezeption, wäre ich langen Gängen gefolgt, bis ich endlich in der Eingangshalle gestanden hätte, einem merkwürdig niedrigen, zebrahaft marmorierten Raum, an der Decke Täfelung.

Für ein Hotel mit über hundert Zimmern und Suiten zeigte sich das *Europa* bei meinem Eintreffen überraschend leer, was sich auch an den folgenden Tagen kaum änderte. Fast beruhigend war das Paar Schuhe, das ein Gast zum Putzen oder Ausdünsten vor die Tür seines Zimmers gestellt hatte. Auf mein Nachfragen hin bekam ich an der Rezeption die übliche Erklärung: Was erwarte man, jetzt, zu dieser Jahreszeit? Tatsächlich lag hauchdünn Schnee auf den Dächern, über die ich von meinem Zimmer in der fünften Etage hinwegblicken konnte. (Erleichterung, daß da statt Wasser bloß das enge Gewirr der Häuser und Dächer war.) Auch von hier aus der Eindruck einer wie leergeräumten Stadt. Bei ganz wenigen der geschlossenen Fensterläden war in der Dunkelheit ein Lichtrand auszumachen. Nur einige Meter unter mir, in einem flachen Gebäude, standen morgens jedesmal die Fenster wie zum Schocklüften weit auf. Da waren kahle, halbgeflieste Räume erkennbar, in jedem ein Bett, weiß und aus Metall, und bei jedem ein Handtuch über das Gitter am Fußende gelegt. Eine Krankenstation? Ein Altersheim? Hospiz? Ich wartete jedesmal lange, aber es blieb dabei: kein Mensch zu sehen.

Natürlich war ich nicht allein. Beim Frühstück saßen außer mir in dem Wintergarten, von dem sich gut über den Canal Grande auf die Kirche Santa Maria della Salute schauen läßt: ein englisches Ehepaar, offensichtlich Rentner, japanische Eheleute mit ihrer halbwüchsigen Tochter, eine dem Äußeren nach persischstämmige Großfamilie, deren Mitglieder sich aber in amerikanischem Englisch verständigten, noch ein englisches Paar, diesmal jung und offensichtlich verliebt, eine französische Familie mit zwei kleinen Kindern sowie ein deutsches Paar mit sehr alten Eltern. Obwohl unter den Besuchern Kinder waren, bewegte sich diese Vertretung der westlichen Welt langsam und leise, wie gedämpft. Nur ab und zu aufgeschreckt vom Klatschen, mit dem die Kellner die Spatzen verscheuchten, die immer wieder hereinschlüpften und nach Futter Ausschau hielten.
Was suchten wir hier?

Abgesehen von Las Vegas oder Disneyland läßt es sich nirgends so deutlich empfinden wie in dieser Stadt: Der Tourist ist kein Übel, das das tägliche Leben stört, es aufhält, bedrängt oder ergänzt. Er ist nicht lästiger Zusatz, der den Bewohnern zuschaut, nein: er *ist* ihr Bewohner. Kein Zweifel, die Stadt wurde errichtet für ihn. Seine Existenz sichert ihr die einzig noch mögliche Energiezufuhr. Bliebe er weg, sie wäre ein sinnloses Labyrinth.
Der Tourist, diese egalitäre, mächtige Spezies des alten und neuen Jahrhunderts, ist die Hoffnung Europas. Wer sonst sollte der Erbe der Vergangenheit

sein? Solange die Häuserattrappen angeschaut werden, existieren sie. Venedig ist Vorreiter. Noch vor allen anderen Städten und schon seit langer Zeit hat es begriffen, daß man kaum besser gewappnet sein kann gegen die Krisen dieser Welt als mit Kulissen. Was soll einer Stadt passieren, die nichts weiter anzubieten hat als romantische Hotels, den Anblick des Wassers und die Ahnung einer Historie, die, seltsam fern, schon einer Legende gleicht? Woanders auf der Welt gilt es vielleicht noch, das Gesetz der Geschichte, das Gesetz der Zukunft: Erst handeln, dann zweifeln. Woanders mag es einen Kampf der Zeiten geben, ein mehr oder weniger gelungenes Zusammentreffen der Epochen. Hier aber ist das Ende des Zeitstrahls erreicht. Venedig ist so vernünftig anzuerkennen: das Wesentliche ist schon passiert. Was bleibt, sind Bewahrung und Pflege, ein Hausmeisterdienst an der Vergangenheit. In keiner anderen europäischen Stadt wird sie so gnadenlos offenbar, die Situation des Westeuropäers als Zuschauer (Zurückschauer?). Nicht einmal das gigantische Technikwerk MOSE, ein Staudamm draußen vor der Lagune, der bald schon das hereinflutende Meer weghalten wird, ändert daran etwas. MOSE rettet nicht Venedigs Zukunft, sondern seine Vergangenheit. Mehr als passend scheint es da, daß er unter der Wasseroberfläche, also unsichtbar bleiben wird.

Wie schwer ist es, der Geschichte zu widerstehen?
Abends streifte ich durch die Salons und Gänge im Erdgeschoß des Hotels, die im *venezianischen Stil* eingerichtet sind. Vorbei an erleuchteten, in die Wand eingelassenen Vitrinen, kleine Schausärge, in denen Goldschmuck und Damenwäsche zum Kauf angeboten werden. In dem sonst leeren Hotelrestaurant aß eine ältere Frau mit Messer und Gabel ein Sandwich. Ich ging hinaus. Gleich neben dem *Europa* liegt *Harry's Bar*, in der sämtliche Schriftsteller der Welt verkehrt haben sollen, vermutlich aus demselben Grund wie ich: sie hatten gehört, daß dort sämtliche Schriftsteller der Welt verkehrt hätten. Das Lokal – im übrigen ein Restaurant und keine Bar – war bis auf ein Dutzend gelangweilter und daher besonders emsig herumscharwenzelnder Kellner nahezu ausgestorben. Fast schon aus Verzweiflung bestellte ich einen *Negroni*, den man mir in einer Art tschechischem Senfglas servierte. Nachdem ich weder das Getränk noch seine Präsentation zu würdigen vermocht hatte, was man mir sichtlich verübelte, gelangte ich in einer Art Einbahnstraßen-Effekt wieder zum Markusplatz, wo ich allerdings schon nach wenigen Schritten gestoppt wurde vom Anblick eines daliegenden Menschen unter den Arkaden. Nichts unpassender als ein liegender Mensch nachts am Markusplatz. So unvorstellbar überhaupt in dieser Stadt, daß die zwei, drei Vorbeikommenden, sämtlich Einheimische auf dem Weg nach Hause, nicht empört wegschauten, sondern

sofort besorgt stehenblieben. Als jemand dem Mann, der sich auch nach mehrmaligem Zuruf nicht regte, das auf dem Pflaster liegende Gesicht ein wenig zur Seite drehte, hörten wir ein Schniefen. Gemeinsames Aufatmen, das fast zur Heiterkeit wurde, als dem Menschen schließlich freundlich aufgeholfen wurde von einer Polizeistreife, die nur wenige Sekunden später am Ort des Geschehens eintraf, was außer mir niemanden zu wundern schien. Der vollkommen betrunkene Mann, ganz offenbar ein Tourist, guckte ungläubig und fuhr sich erschrocken durchs Haar. *Sorry, sorry, sorry!* rufend, als käme ihm die Unbegreiflichkeit seiner Tat soeben zu Bewußtsein, lief er schließlich in Richtung Wasser davon, um einen aufrechten Gang bemüht, der ihm für die wenigen Meter, bevor er aus unserm Blickfeld verschwand, sogar gelang.

Jedesmal, wenn ich von einem Spaziergang zurückkam, war es, als kehrte ich aus einer alten müden Stadt in ein altes müdes Hotel zurück. Die Müdigkeit einer vollendeten Zukunft. Was mich nicht schreckte. Im Gegenteil, der Gedanke, daß sich hier noch lange – *bis zum Ende!* – alles gleich bleiben würde, hatte etwas Tröstliches. Vielleicht hat es damit zu tun, daß der Ort, an dem ich aufgewachsen bin, ein Städtchen in Mecklenburg, inzwischen fast gänzlich verschwunden ist. Nach einem kurzen Rausch der Bedeutsamkeit, der nicht länger als dreißig, vierzig Jahre dauerte, verlor es seinen Sinn. Die Menschen gingen fort, die meisten Gebäude – Wohnhäuser, eine Schule, ein Kino – wurden abgerissen, und so versank es wieder unterm Grün von Unkraut und Bäumen. Seither, scheint es, hege ich eine gewisse Bewunderung für trotzige Orte. Städte, denen der Sturm der Zeit nichts ausmacht. Die ihm widerstehen, oder einfach die Augen schließen, wenn er kommt, und ihn vorüberziehen lassen. Ich höre es noch immer herüberwehen, das Mantra Venedigs: *Es muß nichts stattfinden … Nichts stattfinden … Nichts …* Wenn ein Ort lange genug durchhält, wird sich der Grund, der Anlaß für seine Existenz mit den Jahrhunderten vielleicht verlieren und nur seine Hülle übrigbleiben, eine Erstarrung im schönsten Moment. Heimat ist da, wo sich nichts verändert, habe ich einmal gelesen.

Ließe man die Giudecca abtauchen, würde vom Wintergarten des *Europa* aus San Lazzaro sichtbar, eine winzige Insel knapp vorm Lido, zu der ich mich an meinem zweiten Tag aufmachte. Eine seltsame Fahrt nicht nur durch die Zeit. Das Lagunengebiet mitsamt der Stadt erschien mir als riesiges Museum, in dem es wiederum Museen und kleinere Räume gab. San Lazzaro beherbergt ein Kloster. Bei nebligem Wetter ließ ich mich zu vorgeschriebener Zeit dort absetzen. Ach, könnte man sich die Zeit, in der man lebt, aussuchen, wie sich die armenischen Mönche einst diese Insel ausgesucht haben – als Fluchtort

und zukünftige Sammelstelle: die wertvollsten Kulturschätze des armenischen Volkes lagern hier. Helme, Geld und Briefmarken, Fotos, Lanzen, ein Fernrohr, sogar eine über dreitausend Jahre alte Mumie. Bücher, Briefe, Pergamentrollen, goldverzierte Manuskripte, Miniaturen. Zwischen alldem das Lachen des jungen Armeniers, der durch das Sammelsurium führte. *Oh no, I'm not a monk!* rief er, nach seinem Leben befragt, beinahe erschrocken aus. *I'm an intellectual! I'm trying to understand processes!*
Ist es ein Zufall, daß die Kulturschätze der Armenier seit dreihundert Jahren ausgerechnet in Venedig lagern? Die Armenier, die von allen biblischen Figuren besonders Noah verehren, den Bewahrer vor den Wasserfluten? Es heißt, vier Jahrhunderte nach Christi Tod habe sich ein armenischer Mönch auf den Weg gemacht, um die Arche zu finden. Er bestieg den Berg Ararat, wo sie auch heute noch vermutet wird, suchte lange in Schnee und Eis, mußte umkehren, kam zurück, suchte weiter. Der Legende nach schenkte Gott dem vollkommen Erschöpften schließlich eine Planke, damit er aufhörte zu suchen und sein Leben schonte. Der Mönch gab sich tatsächlich zufrieden, nahm das Bruchstück, dieses winzige Teil des Urschiffes, und ging heim.

Eine Planke. Genausogut könnte man sagen: ein Bild, ein Foto, ein Buch. Etwas, woran man sich halten kann, wenn man vor der Erfahrung des Verschwindens, der Vergänglichkeit steht. Etwas, das helfen soll, wenn man mit der Erinnerung an eine Katastrophe leben muß oder mit der Ahnung, besser: mit dem Wissen um eine zukünftige. Man nimmt dieses ›etwas‹ in die Hand, schaut es an, liest darin. Dabei macht einem gerade der Anblick des Wassers klar: Es nützt nichts. Unmöglich, in alle Ewigkeit Zeugnis abzulegen. Archivierung ist eine Illusion, seit jeher: Lange Zeit nach der Sintflut machten sich Menschen daran, dieses Großereignis, von dem sie über Generationen hinweg immer wieder gehört hatten, aufzuschreiben. Ihre Kultur ist eine der ältesten, die wir kennen, noch näher kommen wir nicht heran an die Geschichte von Noah und seinem Schiff. Doch obwohl hohe Felswände mit Keilschrift übersät wurden, Meter um Meter bedeckt, hat es nichts genützt. Vergehende Zeit heißt: Verwirrung. Klarheit ist eine ephemere Erscheinung, nach einer gewissen Zeit fällt sämtliches Geschehen ins Nebelhafte zurück. So sind heute nur noch fünf Gelehrte imstande, die Winkel und Striche der Keilschrift zu entziffern, und auch das nur bruchstückhaft. Später am Abend, als ich schon wieder im Wintergarten des *Europa* saß, stellte ich mir die Verzweiflung der Schreibenden damals vor. Wußten sie es? Daß das, was Aufklärung über ein Geschehen, ein Weitergeben von Tatsachen, Warnungen und Gedanken sein sollte, eines Tages sinnlos geworden sein würde? Nicht mehr als ein Muster im Fels, schön, berückend, undurchdringlich …

Draußen zogen Gondeln vorbei, auf die sich eine Gruppe Asiaten verteilt hatte. Die meisten Besucher übernachten nicht in der Stadt. Sie kommen für einen Tag und fahren abends mit Bussen weiter, Reisebussen, geräumig und komfortabel, die die Schlafenden über Nacht und wie im Traum an einen nächsten Ort bringen. Plötzlich war mir, als würde ich in der Stadt zurückgelassen. Und mit mir ein ganzer Kontinent, von dessen Existenz bald nur noch ein paar Fotos zeugen würden, weit weg, in einem mir gänzlich unbekannten Land. Während ich an den Fleck dachte, den ich, im Wintergarten des *Europa* sitzend, auf einem dieser Fotos abgeben würde, erschien mir das Bild des Schriftstellers in meiner Welt. War nicht *er* der Tourist auf der Scholle, der seinen Arm emporreckte, in der Hand Bilder, Aufzeichnungen und lose Manuskripte, das Wertvollste, das er hatte? In der Hoffnung, diesen Schatz auf der Wasseroberfläche zurücklassen zu können, wenn er selbst untergegangen sein würde? In der Hoffnung, ihn eine Zeitlang dem Vergessen zu entreißen? Die Vorstellung stimmte traurig. Als wäre der Vorgang des Rettens bloß noch eine übriggebliebene, ja beinahe erbärmliche Tätigkeit. War noch etwas anderes möglich? Vor langer Zeit hatte das Leben dem Durchpflügen eines großen Gewässers geglichen, dachte ich, hin zu etwas – einem Land, einer Zukunft –, das noch nicht zu sehen gewesen war. Inzwischen aber war der Eindruck einer Reise übers Meer verflogen, hockten wir an einer Bucht, vor uns das Treibgut einer Vergangenheit, verstreute Einzelheiten, die von Zeit zu Zeit angeschwemmt wurden: episodisch, sinnlos, unwahrscheinlich.

Wenn das Gefühl der Trauer zur Zerstörung gehört, so entspricht die Melancholie der Erfahrung des Verschwindens. Ich wohnte keiner Zerstörung bei, um mich herum fand nur ein langsames Verlöschen der Lebensgier, des Lebenssinns statt. Manche Menschen fangen kurz vor dem Tod an, sämtliche Dinge zusammenzusuchen, die ihnen einmal geschenkt worden sind, um sie dem einstigen Schenker zurückzugeben. Das Gefühl, das sich bei dem so Wiederbeschenkten angesichts der seltsam vertrauten Sachen einstellt: Ratlosigkeit. Daran mußte ich denken, als ich am letzten Morgen noch einmal aus dem Fenster meines Hotelzimmers sah. Da stand plötzlich jemand am Fenster im Haus gegenüber, jener Krankenstation, des Asyls oder Hospizes; ein alter Mann, der zu mir heraufsah. Eine Weile standen wir so, regungslos, und schauten einander an. Schließlich hob er in einer fast schüchternen Bewegung die Hand und winkte mir zu. Ein sehr altes, langsames Winken, als entschuldigte er sich, ohne mehr zu wissen, wofür.

DORIS LIEBERMANN

AUF DEM KALTEN ASPHALT VON BERLIN

Über Vera Lourié

Vera Lourié war achtzig Jahre alt, als sie sich noch einmal leidenschaftlich verliebte: in eine jüngere Frau, die Gattin ihres Hausarztes. Dreißig Jahre lang hatte sie kein Gedicht mehr geschrieben, nun begann sie, Liebesgedichte auf deutsch zu verfassen.

Die Angebetete erwiderte die fordernde, besitzergreifende Liebe nicht. Sie sah in Vera eine Freundin, sorgte sich um ihr Wohlergehen, brachte ihr Medikamente. Hin und wieder tranken die beiden ein Glas Champagner zusammen.

Vera Lourié begann damals, ihre Erinnerungen aufzuschreiben, in Form der hier erstmals veröffentlichten Briefe, die an die Geliebte adressiert sind. »Tagebuch einer Seele« sollte die Briefsammlung als Buch heißen. Die kleine, gebrechliche russische Dichterin hatte zu dieser Zeit schon nicht mehr die Kraft, sich über Stunden zu konzentrieren. Sie konnte nicht mehr lange sitzen, ein Bein und die Hüfte schmerzten ständig. Das Laufen fiel ihr schwer, und die Wohnung konnte sie nur noch in Begleitung verlassen. Aber sie klagte nicht. »Alte Klamotte«, so nannte sie sich selbst. Ihre Briefe schildern Fragmente eines Lebens voller Brüche, sie sind Stimmungsbild, Berliner Stadtgeschichte und Autobiographie in einem. Als sie während der Berliner Festwochen 1995 im Deutschen Theater daraus las, bekam sie stürmischen Applaus. Einen Verlag konnte sie indes für ihre Aufzeichnungen nicht gewinnen.

Sie kam erst spät zu Ehren, die letzte Angehörige des legendären »russischen Berlins« der zwanziger Jahre. Lange trug Vera Lourié ihr Wissen mit sich, ohne daß sich jemand in Berlin dafür interessiert hätte. Es war folgerichtig auch ein Amerikaner, der die russische Dichterin Anfang der achtziger Jahre in West-Berlin »entdeckte«. Der Slawist Thomas R. Beyer vom Middlebury College (Vermont) war während seiner Arbeit an einer Monographie über den russischen Symbolisten Andrej Bely, der von 1921 bis 1923 in Berlin gelebt hatte, auf die Spur der russischen Emigrantin gestoßen. In Amerika hatte Beyer die russische Schriftstellerin Nina Berberowa gefragt, wer von den Russen der zwanziger Jahre noch in Berlin wohnen und Bely gekannt haben könnte. Die Berberowa hatte Vera Lourié genannt, es aber für unwahrscheinlich gehalten, daß sie die Nazizeit überlebt hatte. Und wenn doch, war sie womöglich nach dem Krieg als »Weiße« ein Opfer der Roten Armee geworden. Als »bourgeois« abgestempelt, wurden russische Emigranten nach dem Einmarsch der Roten Armee in Berlin 1945 oft erschossen oder auf Jahre in Lager deportiert – von den eigenen Landsleuten. Beyer suchte die alte Dame im Telefonbuch zunächst, korrekt aus dem Kyrillischen transkribiert, unter Luré, Lurie, Lurje. Vergeblich. Er wollte schon aufgeben, als ihm die französische Schreibweise in den Sinn kam. Tatsächlich fand er unter »Lourié« die Dichterin, die in den zwanziger Jahren zur russischen Boheme Berlins gehört hatte. Beyer machte sich nach Berlin auf und erfuhr von ihr nicht nur unbekannte Details über Andrej Bely und viele andere Schriftsteller, die sie gekannt hatte. Beyer war es auch, der Vera Louriés eigene Gedichte veröffentlichte. In Rußland hatte sie nur drei davon publizieren können, ihre Hefte mit den Strophen hatten die Wirrnisse der Zeit überstanden. Dank Thomas R. Beyer erschien der Band 1987 in einer Reihe der Staatsbibliothek Berlin. Überwiegend sind es russische Gedichte, ausgenommen das letzte. Es ist das Gedicht an die Freundin »Es war, es ist!« mit den Versen: »Da plötzlich das Wunder, das Wunder zu lieben! / Vergessen das Alter, nicht denken an Schmerzen! / Nach Dir nur geblieben / Die Sehnsucht im Herzen! / Das ist! // Gefallen die Schranken, / Die Leere genommen. / Dem Himmel ich danke, / Die Fee ist gekommen! / Nur Du!«

Als Professor Beyer an der Universität Göttingen über Andrej Bely und dessen Berliner Zeit referierte, erwähnte er auch Vera Lourié. Er ermutigte die Slawistik-Studenten, sie in Berlin zu besuchen. Eine Freundin, die in Göttingen studierte und Beyers Vortrag gehört hatte, erzählte mir davon. Ich studierte damals am Osteuropa-Institut der Freien Universität, vom »russischen Berlin« erfuhr ich dort nichts. Ich glaube, auch die Professoren hatten noch nichts oder wenig davon gehört. Die 300 000 Russen, die zu Beginn der zwanziger Jahre in der Stadt Verlage, Zeitungen, Theater, Geschäfte, Schulen und Restaurants betrieben hatten, waren längst in alle Winde zerstreut, ihre Geschichte war im geteilten Nachkriegs-Deutschland in Vergessenheit geraten. Bücher wie Karl Schlögels »Der große Exodus« und »Berlin Ostbahnhof Europas« waren zu dieser Zeit noch nicht erschienen, die Quellen waren verstreut und in den Ländern des Ostblocks nur schwer oder gar nicht zugänglich. Zusammen mit der Göttinger Freundin rief ich Vera Lourié an. Sie lud uns zum Tee ein, und bald gehörten wir zu ihrem Freundeskreis.

Schon seit 1933 lebte sie in einer bescheidenen, heruntergekommenen Hinterhofwohnung im Berliner Stadtteil Wilmersdorf. Ein Klavier, Bilder mit dem Porträt der Mutter und russischen Landschaften an den Wänden, Katzen. Weil sie nicht alle Kosten von ihrer Rente bestreiten konnte, vermietete sie zwei Zimmer an junge Leute, Studenten, die ihr im Alltag zur Hand gingen. Man fühlte sich an die Notgemeinschaften russischer »kommunalkas« erinnert. Die Studenten kamen aus dem Iran oder aus Amerika. Nach dem Zerfall der Sowjetunion waren es meist russischsprachige, aus der Ukraine, aus Kasachstan, aus Turkmenien. Sie nahm Anteil am Schicksal ihrer Mieter und wußte über die politischen Zustände der jeweiligen Länder Bescheid. Sie selbst nahm mit dem Durchgangszimmer vorlieb. Nie hörte man sie über die Enge und Unbequemlichkeit klagen, darüber, daß die jungen Leute erst ihr Bett passieren mußten, wenn sie in die vermieteten Räume wollten. Einsam zu sein, wäre für sie schlimmer gewesen. Ich nahm lange Interviews mit ihr auf, aus denen Radiosendungen entstanden, ich befragte sie auch für einen Dokumentarfilm über das »russische Berlin« (Rußland an der Spree. Ein Film von Doris Liebermann und Dennis Weiler, SFB 1988). Vera Lourié erinnerte sich lebhaft, und sie konnte gut erzählen. Sie sprach mit energischer, tiefer, dunkler Stimme. Ihr Deutsch war russisch gefärbt.

Am 21. April 1901 wurde Vera Osipowna Lourié als Tochter wohlhabender Eltern in St. Petersburg geboren. Sie wuchs mit einem Schweizer Kindermädchen, einer estnischen Gouvernante und einem Privatlehrer so auf, wie man es aus den klassischen russischen Romanen kennt. Erst mit zwölf Jahren besuchte sie das Taganzewa Gymnasium für Töchter aus höherem Hause. Der Großvater war ein erfolgreicher Börsenmakler, der Vater besaß als Arzt eine eigene Klinik in der Gorochowaja Ulica. Ihre ersten Lebensjahre verbrachte sie in einem imposanten Haus an der Fontanka, ein Eingang befand sich in der Morskaja Ulica 48. Sie konnte sich gut an die weißen Nächte erinnern, die im Sommer die Stadt in ein geheimnisvolles, irisierendes Licht tauchten, auch an die Spaziergänge auf dem Newski Prospekt, die sie, herausgeputzt im Matrosenkleid, als kleines Mädchen mit dem Kinderfräulein unternahm, am liebsten zum Kaufhaus Gostiny dwor, wo es den Stand mit den begehrten orientalischen Spezereien gab. In zärtlicher Erinnerung waren ihr die »amerikanskije schiteli« geblieben, die »amerikanischen Bürger«, ein Kinderspielzeug, das es auf dem Jahrmarkt in der Karwoche zu kaufen gab: in Glasröhren eingeschlossene Männchen, die sich auf Knopfdruck bewegen ließen. Auch den »muschik«, den hübschen Bauernjungen im roten Kittelhemd, der an der Fontanka Fisch verkaufte und den sie unbedingt heiraten wollte, vergaß sie nie.
Der Großvater besaß ein Logenabonnement im Marinski Theater, nach dem Operngenuß wurde in großen Gesellschaften gespeist. »Oft ließen sich meine Eltern noch um ein Uhr nachts vom Delikatessengeschäft Romanow Kaviar, Schinken und Champagner liefern«, erzählte sie gleichmütig. Das Geschäft liebte sie, weil dort drei Katzen waren. Man sprach fließend Französisch und reiste vor dem Ersten Weltkrieg im Sommer in die deutschen Badeorte Kissingen, Kreuznach und Wiesbaden, mit Zwischenaufenthalten in Berlin.

Die Revolution 1917 kam dem Freiheitsdrang der jungen Vera zunächst entgegen. Im allgemeinen Wirrwarr konnte sie endlich einmal der Gouvernante entwischen und vor der Sperrstunde jugendliche Verehrer zu schüchternen Rendezvous treffen. Ein Pädagogikstudium brach sie ab und belegte im 1919 gegründeten Petrograder »Haus der Künste« einen Schauspielkurs bei dem Regisseur Nikolai Jewreinow und einen Lyrikkurs bei dem Dichter Nikolai Gumiljow.
Gumiljow, erster Ehemann der Lyrikerin Anna Achmatowa, war eine schillernde Figur im damaligen Petrograd, wie Petersburg seit 1916 hieß. Er unterrichtete eine Gruppe junger Künstler, die sich »Die tönende Muschel« nannte. Zu ihr gehörten Irina Odojewzewa, Georgi Iwanov, Nikolai Tichonow, Konstantin Waginow und Vera Lourié. Gumiljows Einfluß auf seine Schüler war stark, ihre Verse sind von ihm beeinflußt. Gumiljow war zusammen mit Anna Achmatowa und Ossip Mandelstam einer der Hauptvertreter des Akmeismus, einer literarischen Strömung, die sich vom griechischen Wort Akme (Blüte, Spitze, Reife) herleitete. Die Akmeisten forderten eine klare Sprache und exzellent gebaute Formen, Maßstäbe, die Gumiljow auch an die Dichtkunst seiner Schüler anlegte. Der von Vera Lourié verehrte Lehrer machte keinen Hehl daraus, daß er Lenins bolschewistisches Regime ablehnte. Anfang August 1921 wurde der 35jährige Dichter verhaftet und drei Wochen später mit 61 weiteren Menschen erschossen. Vergeblich hatte sich Maxim Gorki für ihn eingesetzt. Vera Lourié berichtet in ihren Aufzeichnungen davon, daß es nun gefährlich war, Gumiljows Namen auch nur zu erwähnen. Noch im gleichen Jahr entschloß sich ihre Familie, aus Rußland zu fliehen.
Über eine Million Menschen verließen infolge von Revolution, Bürgerkrieg und Hungersnot das Land. Deutschland wurde ein Hauptziel des Emigrantenstromes und Berlin die Metropole der russischen Kultur und Politik. Die Berliner Pensionen waren Anfang der zwanziger Jahre von russischen Flüchtlingen überfüllt, die sich notgedrungen in düster-muffigen Bleiben einrichten mußten. Unter den Flüchtlingen waren Adlige, verfolgte Bourgeois, in Deutschland gebliebene Kriegsgefangene, Politiker aller Parteien, Studenten, ausgewiesene Professoren, Künstler und Intellektuelle. Der Westen Berlins, der Kurfürstendamm, die Tauentzienstraße und der Wittenbergplatz mit allen Quer- und Nebenstraßen, war von den Russen geprägt. Für Außenstehende bot dieses »Charlottengrad« ein pittoreskes Bild. Der siebzehnjährige Klaus Mann schrieb: »Wie faszinierend, in einem der kleinen russischen Restaurants an jeder Berliner Straßenecke die dicke Borschtschsuppe zu löffeln und sich von einem exilierten Großfürsten bedienen zu lassen.«
Bevor Vera Lourié Rußland verließ, schrieb ihr Konstantin Waginow gefühlvolle Zeilen in ein Büchlein ihrer Lieblingsdichterin Anna Achmatowa – das einzige

Erinnerungsstück aus St. Petersburg / Petrograd, das ihr geblieben war. Über Riga kam die Familie nach Berlin, wo man »nicht besonders nett zu den Russen war«, wie Vera Lourié die Gastfreundschaft der Deutschen euphemistisch umschrieb. »Auf dem kalten Asphalt von Berlin / kannst du der Sehnsucht nirgends entgehen« lauten zwei Zeilen in ihrem bekanntesten Gedicht aus den fünfziger Jahren, in dem sie das Grundgefühl formulierte, das sie zeitlebens begleitete: Heimatlosigkeit. Der Vater durfte nicht als Arzt praktizieren, das bedeutete Gelegenheitsjobs, ein Flüchtlingsdasein in ungemütlichen Pensionen, Schlangestehen bei den Behörden. »Wenn wir im Park auf einer Bank saßen und russisch sprachen, liefen die Deutschen weg. Dann haben wir Turgenjews Wort von der ›großen, mächtigen, russischen Sprache‹ zitiert – damit haben wir sie verjagt!«
In Berlin trafen die Louriés viele Bekannte aus der Heimat wieder. Unter den Emigranten befanden sich auch die Großen der russischen Kunst und Kultur, Andrej Bely, Marc Chagall, Wladimir Nabokow, Marina Zwetajewa, Maxim Gorki, Iwan Puni, Leonid Pasternak, Wladimir Majakowski, Ilja Ehrenburg und viele andere. Sie kamen in die Stadt, um allen politischen Wirren und finanziellen Sorgen zum Trotz Gedichte zu schreiben, Bilder zu malen, Bücher zu veröffentlichen und erbitterte Gefechte über die Frage »Bleiben oder Zurückkehren« auszutragen. Dem Schicksal ihrer Landsleute gegenüber waren die Russen in Berlin nicht gleichgültig. Als Sowjetrußland 1921 von einer Hungerkatastrophe heimgesucht wurde, organisierten sie Wohltätigkeitsveranstaltungen, deren Erlöse für die Hungernden bestimmt waren.
Gleich nach ihrer Ankunft suchte Vera Lourié das »Haus der Künste« auf, das der Dichter Nikolai Minski nach dem Vorbild der gleichnamigen Petersburger Institution ins Leben gerufen hatte. In Berlin war es ein Treffpunkt russischer Künstler in wechselnden Cafés. Vera Lourié las eigene Gedichte und lernte bei einer Lesung Andrej Bely kennen. Der Symbolist, Philosoph und Kulturtheoretiker hatte mit seinen großen, in rhythmisierender Sprache geschriebenen mystischen Romanen »Die silberne Taube« und »Petersburg«, mit seinen Gedichtbänden »Gold in Azur«, »Asche« und »Die Urne« sowie mit zahlreichen Essays und theoretischen Schriften das literarische Leben Rußlands zu Beginn des 20. Jahrhunderts entscheidend beeinflußt. Bely hofierte die junge Lyrikerin und führte sie alsbald in die Tanzdielen des »Gespensterreichs« aus, als das er Berlin empfand. Vera Lourié schüttelte den Kopf, wenn sie an die »Tänze« des anthroposophisch orientierten Symbolisten dachte, sie waren eine Mischung aus Flagellantentum und Eurythmie.
Sie verkehrte in Ilja Ehrenburgs Kreis am Prager Platz, traf El Lissitzky, Sergej Jessenin, Marina Zwetajewa, Roman Gul, Nina Berberowa, Wladislaw Chodassewitsch. Der Schriftsteller Alexej Remisow verlieh ihr einen seiner berühmten

»Affen-Orden«. Sie schrieb für in- und ausländische Zeitschriften, auch für die Zeitung »Dni« (Tage), die der Sozialrevolutionär Alexander Kerenski, der letzte Premierminister vor Lenins Staatsstreich, in Berlin herausgab.
Ab Mitte der zwanziger Jahre zogen die Russen weiter, nach Paris und Prag, oder kehrten in die Sowjetunion zurück. Eigentlich wollte auch Vera Lourié, als Hitler an die Macht kam, in ein anderes Land emigrieren. Nach dem Tod des Vaters 1937 flohen ihre Schwester Helena nach England und ihr Bruder Sergej über Paraguay nach Argentinien, wo er sich jahrelang illegal aufhielt. Bitterarm wie sie waren, konnten die Geschwister der Mutter, einer Jüdin, kein Affidavit beschaffen, jene eidesstattliche Erklärung, die Unterstützung im Gastland zusicherte. Vera Lourié entschloß sich, bei der Mutter in Berlin zu bleiben. Die Mutter wurde verhaftet, sie überlebte das KZ Theresienstadt. Auch Vera Lourié wurde von der Gestapo festgenommen, kam nach fast acht Wochen Haft aber wie durch ein Wunder wieder frei. Ihr Verlobter Alexander Posnjakow, ein russischer Rechtsanwalt, starb im KZ Dachau. »Der Bürgermeister der Stadt Dachau erwartet auch einmal Ihren Besuch«, stand auf dem Brief mit der Todesmeldung, den sie in ihrem Schreibtisch aufbewahrte.
Das Ende des Krieges erlebte sie als Befreiung, und mit den Rotarmisten machte sie sogar Geschäfte. Über den Schwarzhandel berichtet sie in ihren Aufzeichnungen. Später hielt sie sich mit Sprachunterricht – Russisch, Französisch, Englisch – mehr schlecht als recht über Wasser. Sie unterrichtete bis ins hohe Alter, um die Rente aufzubessern. Aus den zwanziger Jahren war ihr, als ich sie kennenlernte, kaum ein Erinnerungsstück geblieben. Ihr gesamtes Archiv, Briefe, Widmungen, Bücher von Ilja Ehrenburg, Alexej Remisow, Irina Odojewzewa, hatte sie Ende der siebziger Jahre für ein Butterbrot an einen Pariser Sammler verkauft. »Damals hat sich doch in Berlin niemand dafür interessiert«, sagte sie bedauernd. Immerhin erwarb Janos Frecot für die Berlinische Galerie zwei Fotoalben, deren verblichene Seiten einen schwachen Schimmer vom einstigen Glanz des russischen Berlin bewahren. Die Fotos zeigen die schöne junge Vera in fröhlichen Runden mit dem Maler El Lissitzky und den Schriftstellern Viktor Schklowski und Ilja Ehrenburg.
In ihren letzten Lebensjahren besuchten sie russische Schriftsteller und Journalisten, wenn sie in Berlin weilten, unter ihnen Andrej Wosnessenski und Arkadi Waksberg. Ungläubig hörten sie zu, wenn Vera Lourié eine Zeit lebendig werden ließ, die die Gäste nur aus der Literatur kannten. Nach St. Petersburg, der Stadt ihrer Kindheit und Jugend, kehrte die Dichterin nie wieder zurück. Als sie im September 1998 hochbetagt mit 97 Jahren starb, war sie so arm, daß ihr Freundeskreis um Spenden für die Beerdigung bitten mußte. Vera Lourié wurde auf dem Luisenkirchhof III in Berlin-Charlottenburg beigesetzt.

AUS DEM ARCHIV DER AKADEMIE DER KÜNSTE

VERA LOURIÉ

ERINNERUNGEN AN DAS RUSSISCHE BERLIN

5.8.1985

Liebste,

das Wetter ist kühl, regnerisch, keine Sonne. Die schreckliche Stille in der Wohnung. Du würdest es sicher wunderschön finden! Aber in den letzten Tagen habe ich sogar Angst, allein bis zum Bäcker zu gehen, und dieser Zwang, zu Hause zu bleiben, geht auf die Nerven. Schluß mit dem Jammern, es wird Dich nur ärgern.

Heute will ich weit zurückwandern in das Jahr 1917.

Als im Februar 1917 die erste, bürgerliche Revolution ausbrach, war die gesamte russische Intelligenz hell begeistert. Alles rannte mit kleinen roten Fähnchen durch die Straßen. Fast alle gebildeten Bürger waren gegen die absolute, autoritäre Monarchie eingestellt und hatten demokratische Ideale.

Stell Dir vor, meine Mutter besaß ein Fotoalbum, in dem sich Bilder von berühmten Revolutionären und Terroristen befanden. Sie hatte Fotos von Vera Figner und dem Terroristen Kaljajew, der die Bombe auf den Großfürsten Sergej geworfen hatte und dann natürlich hingerichtet wurde. Die Witwe des Großfürsten, Elisabeth, die Schwester der Zarin, besuchte Kaljajew in seiner Todeszelle und schenkte ihm ein Kreuz, dann ging sie in ein Kloster. Die russischen Terroristen wurden selbst in bürgerlichen Kreisen als Helden verehrt. Sie gingen in einen sicheren Tod und waren dennoch sorgsam bemüht, bei ihren Anschlägen keine Unschuldigen zu treffen. Niemals wurden Attentate verübt, wenn Kinder gefährdet waren. Es ging ihnen nur darum, diejenigen zu töten, die den Menschen das Leben verdarben, die viel auf dem Kerbholz hatten.

Während und nach der Februarrevolution hatte sich das Leben des Bürgertums nur unwesentlich verändert. Aber als die Bolschewisten im Oktober die »Provisorische Regierung« von Alexander Kerenski stürzten, ging es auch den bürgerlichen Familien von Tag zu Tag schlechter. Auch wir hatten nun unter der Lebensmittelknappheit zu leiden. Es wurde für uns sogar schwierig, Holz für unsere Öfen zu besorgen. In den Schlafzimmern standen kleine, provisorische und transportable Öfen, die geheizt wurden, aber in den anderen Zimmern war es kalt. Im Winter waren Fenster und Fensterbretter vereist. Auf dem Hof zerhackte und zersägte ich mit Soldaten, die sich dazu bereit fanden, feuchtes Holz.

Geld besaß in dieser Zeit überhaupt keinen Wert. Lebensmittel wie Mehl, Kartoffeln und Zucker waren nur auf dem Lande im Tausch gegen Sachwerte zu bekommen. Mein Vater war vor dem Krieg Chef eines Militärsanatoriums. In den Wirren der Revolution wurde das Sanatorium geschlossen, und ein großer Teil der Krankenhauswäsche und andere Dinge landeten bei uns zu Hause. Diese Sachen waren auf dem Land sehr wertvoll und wir konnten sie gegen Lebensmittel eintauschen.

Nachdem meine Großmutter mütterlicherseits gestorben war, flohen mein reicher Großvater und sein jüngerer Bruder Peter mit einem Schlitten durch Finnland nach Deutschland. Ihre Juwelen hatte er in seinen Mantel eingenäht.

Da in Petrograd große Wohnungsnot herrschte, verordneten die Revolutionsorgane Einquartierungen. Wir wollten keine fremden Menschen in unser Haus aufnehmen und versuchten die freigewordenen Zimmer mit Leuten zu besetzen, die wir kannten.

Also zogen das frühere Dienstmädchen meiner Großmutter und ihr Geliebter, ein Soldat, der im Krieg einen Arm verloren hatte, bei uns ein, was sich als recht nützlich erwies, da der Kriegsveteran ein »Hamsterer« war. Er fuhr mit Wäsche, Stores und Gardinen aufs Land und brachte im Tausch Lebensmittel nach Petrograd zurück.

Für uns in der 2. Etage gab es kein fließendes Wasser mehr. Wir mußten es von unten heraufschleppen, was gewöhnlich ich erledigte, da ich 60 Kilo wog und sehr kräftig war. Man sagte, ich sei eine rechte Reklame für die Bolschewisten.

Vor der Oktoberrevolution hatte unser großes Haus in der Morskaja Uliza zwei Eingänge, einen herrschaftlichen vorn zur Morskaja hinaus und einen für die Dienstboten an der Hinterseite des Hauses. Am vorderen Eingang stand ein uniformierter Portier. Nach der Oktoberrevolution gab es keine »Herren« mehr. Also wurde der herrschaftliche Eingang von den Revolutionären zugemauert, und wir alle mußten durch den Dienstboteneingang gehen.

Meine Mutter war sehr vom Theater begeistert und ging häufig in das Alexandrinka-Theater, um sich die Premieren anzusehen. Eines Tages, im Oktober 1917, fand dort die Generalprobe der »Maskerade« von Michail Lermontow statt. Da sie offenbar für die Premiere keine Karten mehr bekommen hatte, wollte sie sich wenigstens die Generalprobe ansehen. Nachmittags fuhr sie mit ihrer Equipage los, doch sie erreichte das Theater nicht. In den Straßen wurde geschossen und es gelang dem Kutscher nur mit Müh und Not, die von der Knallerei erschreckten Pferde zu beruhigen und meine Mutter heil nach Hause zu bringen. Die Oktoberrevolution war ausgebrochen.

Auf der anderen Straßenseite der Morskaja, nicht weit von unserer Wohnung entfernt, wohnte die Familie Nabokow. Wir kannten die Nabokows nicht näher,

ich wußte nur, daß er der Partei der Konstitutionellen Demokraten, deren Mitglieder Kadetten genannt wurden, angehörte. Es war eine liberale, demokratische, bürgerliche Partei. Oft sah ich seine beiden Söhne, die auf englische Art in Knickerbocker und gestreifte Tweedanzüge gekleidet waren, mit ihrem Erzieher spazieren gehen. Einer der beiden wurde später der Schriftsteller Sirin, der mit seinem umstrittenen Roman »Lolita« Aufsehen erregte. Sein Vater kam später in Berlin auf dramatische Weise ums Leben. Der Führer der Partei, Miljukow, trat bei einer politischen Veranstaltung in der Berliner Philharmonie als Redner auf. Ein »Schwarzhunderter«, also ein russischer Nazi, wollte ihn ermorden, aber Nabokow warf sich schützend vor Miljukow und wurde selbst von den Schüssen tödlich getroffen.
In einer privaten Lehranstalt für Jungen fanden in den Revolutionsjahren in Petersburg literarische Abende statt, zu denen einmal auch der Dichter Alexander Block erschien. Er trat auf das Podium, ganz in Schwarz gekleidet, mit einem Gesicht wie eine Totenmaske, und trug seine Gedichte vor. Das Publikum verlangte begeistert »Gedichte über Rußland!«, Block schaute düster in den Saal und sagte: »Genug der Worte über Rußland«. Er war schon früh von der mit großer Hoffnung erwarteten Revolution enttäuscht und machte einen resignierten Eindruck.
Im Jahre 1920, nach Abschluß des Gymnasiums, besuchte ich für einen Tag das Pädagogische Institut, wo es mir überhaupt nicht gefiel. Netotschka, die Tochter einer Freundin meiner Mutter, die einige Jahre älter war als ich, erzählte mir vom neu eingerichteten »Haus der Kunst« an der Ecke Newski-Prospekt / Uliza Moika. Maxim Gorki hatte es gegründet. Es befand sich in einem früheren fürstlichen Palast. Dort fanden verschiedene Seminare statt: über die Kunst des Dichtens, über Schriftstellerei, über das Theater und vieles andere mehr. Außerdem wurden Kammerkonzerte, Tanzabende und literarische Vorträge organisiert. Es gab ein Buffet mit belegten Broten und Kuchen, einen Friseur und eine Maniküre, ein unerhörter Luxus in jener Zeit. Außerdem befanden sich dort einige Appartements für bekannte Künstler. Die Schriftstellerin Marietta Schaginjan und der Dichter Losinski wohnten dort, und auch Nikolai Gumiljow, der damals schon von der wohl bedeutendsten russischen Dichterin, Anna Achmatowa, geschieden war. Er war mittlerweile mit der sehr jungen und sehr nichtssagenden Schauspielerin Anja Engelhardt, der Stieftochter des Dichters Balmont, verheiratet.
Eines Abends fand im »Haus der Kunst«, das nicht weit von unserer Wohnung entfernt war, ein Gesellschaftsabend statt, auf dem getanzt wurde. Gumiljow stand in einer Ecke des Saales und unterhielt sich mit dem Dichter Ossip Mandelstam.

Mandelstam war klein und erinnerte mit seinem nach oben geworfenen Kopf an einen aufgeregten Hahn. Gemeinsam mit Gumiljow, Achmatowa und Iwanow war er einer der Mitbegründer des Akmeismus, einer literarischen Richtung, die sich im Anschluß an den Symbolismus entwickelte und einen gewissen literarischen Gegenpol darstellte. Mandelstam wurde später, wie auch Isaak Babel, in sowjetischen Lagern ermordet.

Gumiljow machte auf mich einen sehr ruhigen Eindruck. Er war nicht eigentlich hübsch, hatte einen ovalen Kopf, ein schmales Gesicht und graue Augen. Aber Gumiljow besaß großen Charme und war eine Persönlichkeit. Ohne mit ihm bekannt zu sein, ging ich in meinem Übermut auf ihn zu und fragte: »Nikolai Stepanowitsch, wollen wir tanzen?« Es wurde gerade Walzer gespielt, und er antwortete: »Ich tanze nicht, aber einer jungen Dame mag ich keinen Korb geben.« Also gingen wir zu der Tanzfläche und bewegten uns dort eher in Schrittform, als daß wir wirklich tanzten. Gumiljow konnte nämlich wirklich nicht tanzen.

Ich belegte zwei Seminare im »Haus der Kunst«. Eines wurde von dem Regisseur Nikolai Jewreinow geleitet, der eine ganze Reihe interessanter Stücke geschrieben hat, unter anderem auch »Die Hauptsache«, das in viele Sprachen übersetzt wurde. Darin geht es um ein Büro zur Verschönerung des Lebens unglücklicher Menschen. Einem sehr häßlichen und einsamen Mädchen wird ein gutaussehender Mann vermittelt, der ihr den Hof macht und die Illusion des Glücks hervorruft. Jewreinow vertrat die Theorie, das Menschenleben sei ein Theaterstück, und Gott der Theatrarch. Er hielt Vorträge über Dramaturgie und verschiedene Theaterthemen. Ich war in ihn verliebt und widmete ihm ein Gedicht, das mit den Worten begann: »Wer sind Sie? Ein Gott oder ein Harlekin?« und mit den Worten schloß: »Heute ein Gott und morgen ein Drogensüchtiger, ein Abendgast der Apotheken.«

Jewreinow war sehr kurzsichtig und mußte auf der Straße mit einem Stock gehen. Oft wurde er von Nora Sacher, einer seiner Verehrerinnen, begleitet. Später heiratete er die Schauspielerin Anna Kaschina.

Das zweite Seminar, an dem ich teilnahm, wurde von Nikolai Gumiljow gehalten und behandelte »Die Kunst des Dichtens«.

Gumiljow war der Meinung, es sei möglich, aus jedem Menschen einen Dichter zu machen. Ich stimme auch heute noch in diesem Punkt nicht mit ihm überein, denn ich halte eine gewisse Begabung für unerläßlich. Dieses Talent kann man dann natürlich günstig beeinflussen. Die Seminarteilnehmer schrieben Gedichte, die sie vortrugen. Anschließend übten die anderen Studenten Kritik, und zum Schluß äußerte sich Gumiljow selbst dazu.

Jahrzehntelang waren die Werke Gumiljows in der Sowjetunion verboten, denn er war ein erklärter Gegner des Sowjetregimes, ein Monarchist. Als er eines

Tages einen Vortrag beenden wollte und das Publikum noch einmal mit »Meine Herren« anredete, sprang ein Bolschewist auf und rief: »Es gibt keine Herren mehr, sondern nur noch Genossen!« Gumiljow sah ihn voller Verachtung an und erwiderte: »Von einem solchen Dekret ist mir nichts bekannt.«
Es war eine schöne Zeit. Aus der Tiefe meines Inneren heraus wird es vor meinen Augen wieder lebendig, wie wir, im kalten russischen Winter, an einem langen Tisch saßen, die Tür sich öffnete und Gumiljow eintrat. Er trug stets einen Pelzmantel und eine Pelzmütze. Langsam zog er den Mantel aus, nahm die Mütze ab und setzte sich an das Kopfende des Tisches. Dann holte er sein mit Schildpatt verziertes Zigarettenetui heraus, entnahm ihm eine Zigarette, zündete sie an, und der Unterricht begann.
Langsam werde ich müde. Ich höre für heute auf. Ich habe Sehnsucht nach Dir, nach diesen glücklichen Stunden, in denen ich Dich sehen kann.

In Liebe. Deine Vera

7.8.85

Liebste!

Ich hoffe, Du fühlst Dich wohl. Heute weiß ich, daß ich nicht auf Deinen Anruf zu warten brauche. Und doch, ab 18 Uhr bleibe ich im Zimmer. Jetzt sitze ich auf dem Balkon. Meine Gedanken gehen wieder weit zurück, fast sechzig Jahre sind vergangen, seitdem ich in Petrograd meine literarische Arbeit begann, damals, im »Haus der Kunst«.
Ein Teil der Seminarteilnehmer ging, als es Frühling wurde, mit Gumiljow spazieren. Wir gingen durch die verwilderten Straßen, wo zwischen dem Gehwegpflaster Gras emporwuchs. Besonders die Straße am Ufer der Newa, die Nabereschnaja, ist mir im Gedächtnis geblieben. In Petrograd und auch noch später in Berlin habe ich viele Gedichte über die Nabereschnaja geschrieben.
Anja Engelhardt, Gumiljows Frau, befand sich zu der Zeit, als ich ihn kennenlernte, nicht in Petrograd, und er hatte viele Freundinnen, liebte und wurde geliebt. Auch ich war natürlich sehr in Gumiljow verliebt, und meine Schwärmerei für Jewreinow war vergessen.
Eines Tages erzählte mir Gumiljow, das Mitglied der Petrograder Dichterinnung Nikolai Otzup wolle ein kleines Fest in seiner Wohnung veranstalten, allerdings »ohne Erwachsene«, was ja wohl »für ein so braves Mädchen wie Sie nicht in Frage kommt«, wie er betonte.
Das kränkte und reizte mich als Zwanzigjährige gleichermaßen, und ich beschloß hinzugehen. In jener Zeit, der Bürgerkrieg war in vollem Gange, war

über Petrograd ab 20 Uhr eine Ausgangssperre verhängt. Man konnte den Heimweg also erst am frühen Morgen antreten, wenn man nicht auf der Straße verhaftet werden wollte.
Als ich in Otzups Wohnung eintraf, saßen dort bereits Gumiljow, der Dichter Georgi Iwanow, der Marineoffizier Kolbasjew, der auch Gedichte schrieb, die Tochter des Fotografen Nappelbaum, der später Starfotograf der Sowjetunion wurde und viele Bilder von Lenin machte, und Nikolai Otzup selbst. Es gab kein Licht in der Wohnung, und wir wanderten mit einer Petroleumlampe von Zimmer zu Zimmer. Getrunken wurde etwas Entsetzliches aus denaturiertem Spiritus. Als ich am nächsten Morgen nach Hause kam, schrieb ich ein Gedicht, in dem die Zeile vorkam: »Meine Lieben, die Nacht hat mich von Euch weggerissen …«
Ich wollte, daß wenigstens irgend jemand weiß, wo ich die Nacht verbringen werde, und weihte daher mein Fräulein und Kostja Waginow, einen jungen Dichter, der mich seinerzeit sehr liebte, in meine Pläne ein. Heute denke ich, daß es eine große Gemeinheit von mir war, Kostja davon zu erzählen, da er sich durchaus vorstellen konnte, was dort in der Wohnung passieren würde. Denn er wußte von meiner Verliebtheit, und Gumiljow war ein berüchtigter Frauenheld.
Kostja Waginow schrieb mir eines seiner Gedichte als Widmung in das Buch »Rosenkranz« meiner Lieblingsdichterin Anna Achmatowa, der ersten Frau Gumiljows. Es war ein sehr lyrisches, kompliziertes und schönes Gedicht. Aus dem Dunkel der Vergangenheit taucht das Bild Kostjas auf, wie er auf dem Hof unseres Hauses stand, als wir Rußland verlassen wollten. Alles war bereits gepackt, wir waren zur Abreise bereit. Waginow stand in dem langen, umgeänderten Militärmantel seines Vaters auf unserem Hof und sagte mir Lebewohl. In Berlin widmete ich ihm einige Gedichte, und wir schrieben uns noch eine Zeitlang. Später wurde er als Dichter in der Sowjetunion ziemlich bekannt, heiratete ein Mitglied der »Tönenden Muschel«, wie sich der literarische Kreis um Gumiljow nannte, und starb in jungen Jahren an Tuberkulose.
Als ich eines Tages in das »Haus der Kunst« kam, um Gumiljow zu besuchen, wurde ich im Foyer davor gewarnt, in das Appartement Gumiljows zu gehen. Dort sei eine Mausefalle der Tscheka, der bolschewistischen Geheimpolizei. Er selbst sei bereits verhaftet worden und oben wären Tschekisten postiert, die auf seine Freunde lauerten, um auch diese festzunehmen. Bestürzt ging ich nach Haus.
Während seiner Haft wurde Gumiljow von drei Frauen versorgt, die ihm Päckchen in das Gefängnis brachten: Anja Engelhardt, Ida Nappelbaum und Nina Berberowa, die Lebensgefährtin des Dichters Wladislaw Chodassewitsch. Kürzlich sagte mir der sowjetische Journalist und Kunsthistoriker Natan Federowski,

Gumiljow sei als Konterrevolutionär eigenhändig von dem berüchtigten Chef der Tscheka, Dserschinski, erschossen worden.
Nach Gumiljows Tod bestellten die Mitglieder der »Tönenden Muschel« im Kasanski-Dom am Newski-Prospekt einen Trauergottesdienst »für den Sklaven Gottes, Nikolaus«, denn den Namen Gumiljows durfte man nicht mehr öffentlich aussprechen. Zufällig begegnete ich auf der Straße Anna Achmatowa, die ich bat, zu der »Panichida« zu kommen, was sie auch tat.
Ich schrieb in der folgenden Zeit einige Gedichte über den Tod Gumiljows, die in den zwanziger Jahren in der in Berlin herausgegebenen Zeitschrift Dni (Die Tage), für deren literarischen Teil ich damals ständig arbeitete, veröffentlicht wurden.
Im gleichen Jahr starb auch Alexander Block, damals der beliebteste Dichter Rußlands. In der Wohnung Blocks, wo sein Leichnam aufgebahrt war, fand ebenfalls ein Trauergottesdienst statt. Das Zimmer, in dem er lag, war voller Menschen, und alle Türen mußten offenstehen, weil sich die Leute noch auf den Gängen drängten, um ihn ein letztes Mal zu sehen. Er wurde in der Alexander-Newski-Lawra begraben, der Sarg wurde von sechs Männern durch die Straßen getragen, die gesamte Intelligenz Petrograds war anwesend. Damals wurde gesagt: »Wenn bei Blocks Begräbnis eine Bombe explodiert wäre, hätte keiner aus den Petrograder künstlerischen und wissenschaftlichen Kreisen überlebt.«
Schon bald nach Blocks Begräbnis verließen wir die Sowjetunion, obwohl ich nichts sehnlicher wünschte, als in Rußland bleiben zu können, sogar in Lenins Rußland. Schluchzend lag ich in meinem Zimmer auf dem Bett aus rotem Mahagoniholz, das früher meinen Großeltern gehörte und jetzt bereits verkauft war. Ich weinte sehr, war ohne Hoffnung und voller Verzweiflung. Eine wichtige Etappe meines Lebens ging zu Ende und ich sollte Rußland niemals wiedersehen.
Aber der Entschluß meines Vaters stand fest. Er wollte nicht mehr in der Sowjetunion leben, obwohl man ihn dort als Arzt dringend brauchte und er auch im revolutionären Petrograd eine gute Position hatte. Er bekam besondere Lebensmittelkarten, was damals unbezahlbar war.
Mein Vater ließ sich Kontakt zu einem Paßfälscher herstellen, der gerade in dem berüchtigten Gefängnis Kresti einsaß. Kaum vorstellbar, wie der Mann im Gefängnis unbemerkt Pässe fälschen konnte, aber nach einiger Zeit hielt mein Vater ein Dokument in der Hand, das ihm den Geburtsort Riga, also die lettische Herkunft, bescheinigte. Obwohl er in Wirklichkeit aus Kiew in der Ukraine stammte, hatte er damit das Recht, mit seiner Familie nach Lettland überzusiedeln.
Es war Herbst, ein regnerischer, finsterer Tag, als wir in Petrograd auf dem Bahnhof standen. Auf dem Gleis stand ein langer Zug mit Viehwagen, in denen sich

harte Bänke befanden. Die Wagen wurden mit Petroleumlampen beleuchtet. Wir hatten uns mit Proviant eingedeckt und nahmen einen Petroleumkocher, einen »Primus«, mit auf unsere Reise, die ca. eine Woche dauern sollte, weil der Zug unterwegs immer wieder anhalten mußte und wir nur sehr langsam vorankamen. Meine Eltern, ich und meine beiden kleinen Geschwister waren in dem Wagen nicht allein. Mit uns reisten ein lettisches Ehepaar und ein junger Russe, ca. 30 Jahre alt, der eine schwarze Lederjoppe anhatte, einen schwarzen Mephistobart trug und verdächtigerweise völlig ohne Gepäck reiste. Der Lette, der einen langen roten Bart hatte, unterhielt sich eines Nachts mit dem jungen Russen, als alle zu schlafen schienen. Mein Vater aber war wach geblieben und konnte belauschen, daß der junge Mann ohne Gepäck ein Tschekist war, die Behörden starke Zweifel an der Echtheit unserer Reisedokumente hegten und wir an der lettischen Grenze von ihm aus dem Zug geholt werden sollten, um der Tscheka übergeben zu werden.

Aber es geschah ein Wunder. Der junge Tschekist freundete sich mit mir auf eine sehr harmlose Weise an. Gemeinsam kochten wir Griesbrei auf dem »Primus«, ich verbrannte mir die Hand, und er verband sie mir. Wir plauderten und waren fröhlich. Die Reise war nicht mehr so langweilig und der junge Mann in der Lederjoppe war an der Grenze plötzlich verschwunden. Wir konnten ohne Probleme passieren. Ich war traurig, er fehlte mir sehr.

Im lettischen Grenzort Reschiza mußten wir aussteigen und unsere Papiere vorlegen. Wir hatten aber, abgesehen von dem gefälschten Paß meines Vaters, keine weiteren »Beweise« unserer lettischen Herkunft. Daher vertraute sich mein Vater dem Bahnhofsvorsteher an und erzählte ihm die ganze Wahrheit. Zunächst kamen wir in die Quarantäne. Ob wir aus Gründen der Ansteckungsgefahr oder aus anderen Erwägungen isoliert wurden, teilte man uns nicht mit. Wir lebten in einer großen Holzbaracke mit langen Holzbänken, in der sich viele Menschen befanden, kleine Kinder, die in der Nacht schrieen, Greise und schwangere Frauen, stillende Mütter. Wegen der Läuse, Flöhe und des anderen Ungeziefers mußten wir in eine speziell dafür eingerichtete Sauna gehen, wo wir uns in einer unmenschlichen Hitze wuschen. Ich konnte in dem Dampf kaum atmen. Wir waren in einer sehr unangenehmen Lage. Mein reicher Großvater war bereits in Berlin und erwartete uns. Die lettischen Grenzbehörden wollten uns jedoch die Weiterfahrt nicht gestatten. Da mein Vater Arzt war, gelang es ihm, wenigstens für sich und seine Familie die Erlaubnis zu bekommen, mittags die Baracke zu verlassen, um auf dem Bahnhof von Reschiza essen zu gehen.

Nach zehn Tagen kam die Befreiung in Gestalt des Herrn Fein, eines reichen, jüdischen Kaufmanns aus Riga, der ein Bekannter meines Großvaters war. Er bewies den Behörden seine lettische Staatsangehörigkeit und hinterlegte für uns eine schriftliche Bürgschaft. Dann durfte er uns mitnehmen. Herr Fein hatte von meinem Großvater zu einem Spottpreis den Kaufbrief seines Hauses in der Morskaja gekauft. Er glaubte, wie viele Leute damals, an die Kurzlebigkeit des Sowjetregimes und hoffte, schon bald der Besitzer diese schönen Hauses zu sein, wobei er sich allerdings verkalkuliert hatte, wie sich später herausstellen sollte.

In Riga verbrachten wir einen Monat. Wir wohnten in einem Hotel in der Bahnhofstraße. Die Lebensmittelläden, die voller Fleisch, Wurst, Käse, Obst und Süßigkeiten waren, machten auf mich nach Jahren der Lebensmittelknappheit in Petrograd einen gewaltigen Eindruck. Trotzdem, dieser leibliche Wohlstand allein genügte mir nicht. Der sowjetische Schriftsteller Dudinzew schrieb den Roman »Der Mensch lebt nicht vom Brot allein«. Das ist wahr, auch ich wollte mehr, und Riga war eine sehr ruhige, sehr saubere, gemütliche, aber entsetzlich langweilige Stadt. Ich wollte nach Berlin, dorthin, wo sich ein großer Teil der russischen Intelligenz befand.

Bevor wir Petrograd verließen, bat mich ein uns bekannter Zahnarzt, seinem Bruder in Riga, einem Ingenieur, Grüße auszurichten. Ich war froh, in dieser tristen Stadt ein wenig Ablenkung zu finden und jemanden besuchen zu können. Der Mann spielte sehr gut Klavier, ich liebte Klaviermusik und blieb daher in seiner Wohnung. Er gefiel mir überhaupt nicht, und alles war ganz harmlos, aber mein Vater beklagte sich bei meiner Mutter bitter über mein unschickliches Verhalten. Es zieme sich nicht für ein junges Mädchen, so lange allein mit einem Mann in einer Wohnung zu sein. Meine Mutter, die eine kluge, fortschrittliche und aufgeschlossene Frau war, erwiderte, es sei zu spät, sich über solche Dinge aufzuregen, die Zeiten hätten sich geändert.

Nach vier Wochen war es endlich soweit. Wir fuhren nach Berlin, und ein neuer Lebensabschnitt begann für mich, die Etappe der literarischen Tätigkeit der zwanziger Jahre.

Jetzt bin ich sehr müde vom Schreiben und mache Schluß.

Liebste, wie geht es Dir? Bist Du mit Deinem Urlaub zufrieden? Erholst Du Dich gut?

Immer in Liebe, Deine Vera.

8.8.1985

Liebste,

im Spätherbst 1921 kamen wir in Berlin an und wohnten zunächst in der Pension Steinplatz am damaligen Knie, dem heutigen Ernst-Reuter-Platz. Damals hatte mein Großvater noch etwas Geld, aber wir konnten dennoch nicht lange in der Pension wohnen, weil sie einfach zu teuer war.

In jenen Tagen hingen in den Fenstern der nicht so vornehmen Gartenlokale Schilder mit der Aufschrift: »Hier können Familien Kaffee kochen«. Es war eine beliebte Sitte. An manchen Tischen sah man Männer Skat spielen, die Frauen strickten oder häkelten. Man brachte Kaffee, Tee, belegte Brötchen und Kuchen von zu Hause mit und bestellte sich dann eine Kanne kochenden Wassers, um den Kaffee aufzubrühen. Tassen, Teller, Löffel und Messer wurden gegen eine Leihgebühr von dem Lokal gestellt.

Sonntag vormittags fuhr ich oft gemeinsam mit meiner Mutter, meinen Geschwistern Sergej und Helen sowie mit meinem Vetter Andreas und meiner Cousine Schura Finckelstein in ein Gartenlokal nach Zehlendorf. Gegenüber befand sich ein freies Feld, und ich entsinne mich gut, wie schön es war, durch das Feld zu laufen, den Geruch des frisch gemähten Grases einzuatmen und eine unendliche innere Freiheit zu spüren Ich war jung und hatte die ganze Zukunft vor mir. Ein russisches Sprichwort sagt: »Ihm geht das Meer bis zum Knie.« Dieser Mensch ist dann so glücklich, daß es ihm erscheint, das grenzenlose Meer würde ihm nur bis zum Knie reichen und er es also überragen. So war mir damals zumute.

In einem Gartenlokal am Ende der Paulsborner Straße spielte an Sonn- und Feiertagen eine Kapelle. Einer der Musiker, ein kahlköpfiger Stehgeiger, sang flotte Schlager. Ich sehe ihn vor meinen Augen, wie er mit der Geige an der Brust auf einem Platz tanzte und das damals populäre Lied sang: »Oh, Du lieber Augustin, wo sind Deine Haare?«

Nicht weit von unserer Wohnung entfernt, am Kurfürstendamm, wohnte die russisch-jüdische Familie Kogan. Sie lebten mit der Schwester Kogans und deren Sohn, dem Schriftsteller Owadi Sawitsch, zusammen. Sawitsch war mit Ilja Ehrenburg eng befreundet. Er schrieb damals den Roman »Der schweigsame Gesprächspartner«, der in Berlin in russischer Sprache veröffentlicht wurde.

Sawitsch war ein seltsamer Mensch. Wenn er auf dem nächtlichen Heimweg am Bahnhof Zoo vorbeimußte, bat er mich, ihn zu begleiten. Er hatte eine panische Angst davor, von Nutten angesprochen zu werden.

In der Wohnung der Familie Kogan versammelten sich an jedem Freitag abend Freunde und Bekannte. Es wurden Kerzen angezündet, und der alte Kogan sprach, gebeugt über den »Barches«, ein jüdisches Gebet. Dann wurden verschiedene jüdische Spezialitäten gegessen, gefüllter Hecht in Meerrettichsoße zum Beispiel. Sawitsch und der Sohn Kogans hatten ihre Freunde dabei, wir tanzten zu Musik, die von dem Plattenspieler kam: Two Step, One Step, Tango. Es war lustig.

Eines Abends traf ich dort zwei Regisseure und den Drehbuchautor Natan Sarchi aus der Sowjetunion, Sarchi hatte ein Drehbuch nach dem Roman »Städte und Jahre« des sowjetischen Schriftstellers Fedin geschrieben. Sie waren in Berlin, um einen Teil des Filmes zu drehen. Ich freundete mich mit Natan Sarchi an. An jenem Freitag abend erzählte ich den Filmleuten von unseren sonntäglichen Familienausflügen. Sie waren begeistert und wollten uns am nächsten Sonntag unbedingt begleiten.

Am folgenden Sonntag trafen wir uns an einer Straßenbahnhaltestelle und fuhren statt nach Zehlendorf, wo man Kaffee hätte kochen können, nach Wannsee in ein sehr teures Lokal. Meiner Familie ging es damals materiell sehr schlecht, und diese Leute machten einen enorm reichen Eindruck auf uns. Sie luden uns ein, wir konnten bestellen, was wir wollten. Sie bezahlten alles. Mein Bruder und meine Schwester, die damals noch große Kinder waren, aßen mehr, als sie vertragen konnten, und am Ende wurde ihnen schlecht. Meine Schwester Helen, fasziniert von diesem Reichtum, sagte zu meiner sehr hübschen Cousine Schura: »Bitte doch den Sarchi, mir einen Füllfederhalter zu kaufen. Er macht dir doch den Hof und wird dir die Bitte sicher nicht abschlagen.«

Später fuhren wir mit dem Dampfer auf den Wannsee hinaus. Da wir in dieser Zeit nicht gerade verwöhnt waren, fühlten wir uns überglücklich.

In dem Nepp-Lokal »Barberina« in der Hardenbergstraße, in dem Weinzwang herrschte, konnte man Eintänzer mieten. Als Schura, Sarchi und ich dort einen Abend verbrachten und meine Cousine tanzen wollte, engagierte Sarchi einen Gigolo, da er selbst nicht tanzen konnte. Dann kaufte er uns beiden von einer in dem Lokal herumlaufenden Blumenverkäuferin einen großen Strauß roter Rosen. Aber ich konnte mich nicht recht darüber freuen. Es deprimierte mich, daß so viel Geld für unwichtige Dinge ausgegeben wurde, während bei uns zu Hause gerechnet werden mußte. Kuchenbrot und Vierfruchtmarmelade sahen wir als Luxus an. Am nächsten Tag überwand ich mich und erzählte Sarchi, was ich von seiner Geldverschwendung hielt. Er lachte und meinte, ich würde mich besser als Ehefrau denn als Freundin eignen.

In meinem Stammkaffeehaus am Henriettenplatz lernte ich die Putzmacherin Anita kennen, die ein ziemlich leichtes Mädchen war. Einer ihrer zahlreichen Freunde hieß Willi und war Mitropakellner.

Eines Tages kamen die Dichterin Vera Inber, der Schriftsteller Tynjanow und der Regisseur Tschaika nach Berlin. Sie waren nicht emigriert, sondern besaßen sowjetische Pässe und besuchten Berlin lediglich als Touristen. Da sie »das andere Berlin« kennenlernen wollten, baten sie mich, da ich mich ja auskennen würde, mit ihnen eine Wanderung durch Ost- und Nordberlin zu machen. Als weitere Reiseführer begleiteten uns Anita und Willi.

Es wurde ein lustiger Abend, wir besuchten verschiedene Kneipen in der Münzstraße und in der weiteren Umgebung des Alexanderplatzes. Wir tanzten in dem Ballokal »Damenwahl«. Ich glaube, unsere sowjetischen Gäste waren zufrieden. Vera Inber war eine kleine Frau. Sie sagte von sich: »Ich bin klein wie ein kleiner Hund, aber nicht wie ein junger Hund.« Tynjanow war auch nicht sehr groß und hinkte. Wenn ich mich recht erinnere, war er der Schwager von Viktor Schklowski. Er schrieb historische Romane, unter anderem über den Schriftsteller Gribojedow in »Der Tod des Wesir Muchtar«. Obwohl er ein großer Schriftsteller war, ist er im Ausland nur wenigen Menschen bekannt.

Aus jedem Lokal nahm Willi eine Erinnerung mit, hier einen Bierdeckel, dort einen Löffel oder ein Glas. Auf den Straßen fragte er die herumstehenden Nutten nach ihren Preisen; je verbotener die Gegend, desto billiger waren sie zu haben.

Mein Vater war in Deutschland nicht als Arzt anerkannt und durfte seinen Beruf nicht ausüben. Also versuchte er auf alle mögliche Art und Weise an Geld zu kommen, am Ende seines Lebens als Hausmakler, wofür er sich jedoch überhaupt nicht eignete. Oft wurde er von seinen Kollegen betrogen. Als er starb, blieb noch die damals sehr bedeutende Summe von 3000 Reichsmark auf dem Konto des Notars Busch. Als ich mit meiner Mutter das Geld abholen wollte, sagte uns der Notar, ein anderer Makler habe ebenfalls Ansprüche auf die Provision angemeldet. Dieser Mann hätte aber keine Möglichkeit, auf dem Rechtswege an das Geld zu kommen, daher sollten wir vorsichtig sein, daß er uns nicht auf der Straße überfällt und das Geld an sich reißt. Solche Sitten herrschten damals in dem Gewerbe. Ich erinnere mich, wie ich mit meiner Mutter, in Furcht verfolgt zu werden, Unter den Linden entlangrannte, um unsere Straßenbahn zu erreichen und das Geld in Sicherheit zu bringen.

11.8.1985

Liebste,

gestern habe ich ausnahmsweise einmal ferngesehen. Es war sehr interessant, weil es eine Sendung über literarische Cafés in Berlin gab. Ich wurde an das Café Landgraf in den zwanziger Jahren in Berlin erinnert, in dem russischliterarische Abende veranstaltet wurden.

Eines Abends ging ich in das Café und hielt einen Vortrag über die Petrograder Dichterinnung und über die »Tönende Muschel«. Ich stand inmitten des Raumes und erzählte von der Arbeit und den Werken der russischen Dichter Petrograds, vom »Haus der Kunst«, von Gumiljow, seiner Verhaftung und Ermordung und vom Tode und Begräbnis Alexander Blocks. Zum Abschluß trug ich einige meiner eigenen Gedichte vor, die ich noch in Rußland geschrieben hatte. Dann geschah etwas Unglaubliches.

Der berühmte russische Dichter Andrej Bely, der in Rußland etwa den Rang eines Thomas Mann hatte, stand auf und ging auf mich zu. Bely war für mich eine unerreichbare Größe. Bereits in Petrograd las ich zwei seiner Romane: »Die silberne Taube« und »Petersburg«, das in rhythmischer Prosa geschrieben war und eine Prophezeiung des 1. Weltkrieges und der russischen Revolution enthielt.

Er sprach mich an und sagte mir, meine Gedichte hätten ihm gefallen, ich solle sie ihm bringen, denn er sei Redakteur des literarischen Teils der Zeitschrift Epopeja, sie würden dort gedruckt werden. Ich war sehr stolz.

Abraam Wischnak, der später von den Nazis ermordet wurde, war der Verleger von Epopeja. Obwohl Andrej Bely die Veröffentlichung meiner Gedichte angeregt hatte, endete mein Besuch bei Wischnak mit einer großen Enttäuschung. Er sagte mir, meine Gedichte seien nicht gut genug und er könne sie in seiner Zeitschrift unmöglich drucken. Um mich zu trösten, wollte er mir eine Flasche »Eau de Cologne« schenken, die ich empört ablehnte. Du kannst Dir sicher vorstellen, wie beleidigt ich war.

Aber nun begann meine Freundschaft mit Bely. Oft besuchte ich ihn, kochte Tee, stopfte seine Socken und glaubte, sehr in ihn verliebt zu sein. Heute denke ich, es war eher Verehrung für den berühmten Mann und Stolz, daß eine solche literarische Größe mir, der kleinen Dichterin Vera Lourié, den Hof machte und so viel Interesse an mir zeigte. Das alles hatte aber bei Bely nicht viel zu bedeuten, denn er war auch in Mariechen, die Tochter eines Berliner Kneipenbesitzers, verliebt, wie ich erst später erfuhr.

Bely war menschlich sehr schwierig, egozentrisch und liebte im Grunde wohl nur sich selbst. So was muß man aber wohl bei einem genialen Menschen in Kauf nehmen, und Andrej Bely war ein Genie.

Damals schrieb er seine Erinnerungen an Alexander Block, mit dem er in seiner Jugend eng befreundet war, bevor es wegen einer Liebesromanze zwischen Bely und Blocks Frau zum Zerwürfnis kam. Während meiner Besuche las Bely mir aus seinen Erinnerungen vor. Außerdem schrieb er damals das Buch »Glossolalie«, ein wissenschaftliches Werk, das sich mit der Verbindung von Worten, Rhythmen und Lauten beschäftigt. Es war sehr kompliziert und für mich fast unverständlich. Er erklärte es mir aber so klar und präzise, daß ich sogar in der Zeitung Dni eine Kritik veröffentlichen konnte. In diesen Tagen überarbeitete Bely auch seinen Roman »Petersburg« und kürzte ihn.

Bely hatte eine Glatze, die von grauen Haaren umrahmt war. Zu Hause trug er gewöhnlich eine Jermolka auf dem Kopf, eine schwarze Stoffmütze, die gläubige

Ostjuden im alten Rußland zu tragen pflegten. Das Auffallendste an seinem Äußeren waren seine Augen. Sie waren grünlich und schmal, saßen tief in den Augenhöhlen und leuchteten gleichsam von innen heraus.
Anfangs wohnte Bely in der Passauer Straße, direkt gegenüber vom KaDeWe, dann zog er in eine Pension am Viktoria-Luise-Platz, wo sich ein großes Café befand, in dem man tanzen konnte. Gelegentlich verbrachten wir dort die Abende. Bely trug einen langen, schwarzen Gehrock und statt einer Krawatte eine schwarze, seidene Schleife. Wir tanzten zu den Rhythmen von One step und Shimmy einen von ihm selbst erfundenen Tanz, der nicht die geringste Ähnlichkeit mit den Modetänzen hatte, das Publikum aber so begeisterte, daß ich Blumen geschenkt bekam.
Bely war schnell der Großstadt Berlin überdrüssig. Eines Tages fuhr er Hals über Kopf nach Zossen, einem kleinen Städtchen südlich von Berlin. Einige Male besuchte ich ihn dort. Man mußte eine gute Stunde mit dem Zug fahren und dann einen langen Weg durch ein Feld gehen, bevor man zu dem Haus kam, in dem er lebte. Es war ein kleines, graues Haus mit einer ebenso grauen Wirtin. Bely bewohnte ein großes, dunkles Zimmer und arbeitete.
Dann lebte er eine gewisse Zeit in Swinemünde an der Ostsee, wo auch meine Familie ein paar Wochen verbrachte. Wir wohnten in einer privaten Villa, in der ein junges Stubenmädchen arbeitete, das mir eines Tages erzählte, sie werde abends auf einen Matrosenball gehen.
Mich interessierten die menschliche Psyche und das Schicksal der Menschen sehr und ich wollte gern etwas über das Leben der Matrosen erfahren. Also begleitete ich sie, nicht ohne zuvor von meinem Großvater mit einem Augenzwinkern ermahnt zu werden, nur nicht etwa einen Matrosen mit nach Hause zu bringen. Es wurde ein interessanter Abend, der aber mit einer kleinen Enttäuschung endete. Ein junger Matrose, der mit mir getanzt hatte, sagte zu mir: »Fräulein, Sie passen überhaupt nicht hierher.«
Ein weiterer Abend in Swinemünde blieb fest in meinem Gedächtnis. Bely konnte grausam sein. In einem Café, in dem das Kurpublikum von einem Conférencier, dem Eintänzer Fred und kleineren Varieté-Nummern unterhalten wurde, trat ein Zauberer auf, der Zahlenkunststücke aufführte. Plötzlich stand Bely auf und entlarvte den armen Mann, indem er ihm mathematisch nachwies, daß seine Kunststücke purer Betrug waren.
Bely gehörte der anthroposophischen Bewegung an, was auf den Einfluß seiner geschiedenen Frau Assja Turgenjewa, die eine entschiedene Anhängerin Rudolf Steiners war, zurückging. Assja Turgenjewa hatte ein Liebesverhältnis mit dem Dichter Kussikow, der ein Freund Jessenins war, aber selbst nur bescheidene literarische Talente besaß. Dieses Verhältnis bedrückte Bely sehr.

Als ich ihn eines Tages in seiner Pension in Berlin besuchte, fand ich ihn in einem verzweifelten Zustand. Er erzählte mir, die Kuppel des Tempels der Anthroposophen, des Goetheanums in Dornach, sei ausgebrannt. Da sich sein Kopf dort in der Kuppel befinde, müsse er jetzt sterben oder zumindest schwer erkranken. Bely hatte an der Kuppel mitgebaut und daher ein sehr intensives Verhältnis zu dem Goetheanum. Natürlich starb er nicht und wurde auch nicht krank.
Bely trank sehr viel Alkohol, aber nie habe ich ihn sehr betrunken gesehen. Ich habe wohl, wenn ich zurückdenke, nicht so sehr die Abende, sondern verlängerte Nachmittage mit ihm verbracht. Als die Anthroposophin Wassiljewa aus Moskau nach Berlin kam, um Bely zur Rückkehr in die Sowjetunion zu überreden, besuchte ich ihn noch gelegentlich, aber unsere Freundschaft hatte einen Riß bekommen. Wassiljewa sah sehr russisch aus, bescheiden bekleidet, und hatte ein angenehmes, wenngleich nicht markantes Gesicht. Sie übte einen großen Einfluß auf Bely aus, und er entsprach nicht nur ihrem Wunsch, in die Sowjetunion zurückzukehren, sondern heiratete sie später auch.
Meine letzte Erinnerung an ihn: Bahnhof Zoo. Bely verläßt Berlin. Viele seiner Freunde und Bekannten, auch ich, begleiten ihn zum Zug. Der Zug fährt ab, und der winkende Bely verschwindet allmählich aus der Sicht. Verschwindet für mich für immer. Es war traurig, wieder war eine wichtige Lebensetappe zu Ende gegangen.
Liebste, am Telefon Deine Stimme gehört. Es war kurz, ich dachte, es ist so ähnlich, wenn man auf dem Bahnsteig steht und jemanden begleitet, den man so unendlich liebt, er fährt für eine längere Zeit weg. Gleich fährt der Zug ab, man kann ihn nicht halten. Man möchte noch so viel sagen, man sagt kein Wort. Gleich verschwindet das Gesicht aus den Augen, gleich verschwindet die Stimme aus dem Hörer … Gleich werde ich mich in den Hof setzen, die Nachbarinnen werden ununterbrochen erzählen, sie werden stören, aber ich muß aus der Wohnung heraus, das Telefon erinnert mich zu sehr an Dich.

Vera

26.8.1985

Liebste,

gestern habe ich Dich singen gehört. Du hast eine so schöne Stimme. Ich sehe Dich so wenig! Ich weiß, Du hast keine Zeit, aber mir fehlen die Stunden, in denen Du bei mir warst, wenn auch kurz, und ich Dich sah.
Heut will ich Dir etwas aus dem Berlin der zwanziger Jahre erzählen. Ich begann Gedichte und Literaturkritiken für die Tageszeitung Dni zu schreiben, deren Chefredakteur Alexander Kerenski war. Er war von Beruf Rechtsanwalt,

gehörte der sozialrevolutionären Partei an und wurde nach der russischen Februarrevolution Ministerpräsident der Provisorischen Regierung, bevor er im Oktober 1917 von Lenin gestürzt wurde. Er konnte hervorragend reden, und es gelang ihm ein gutes halbes Jahr lang, die Soldaten an der Front zu halten, bis die Kriegsmüdigkeit der Menschen über ihren Patriotismus siegte. Kerenski besaß kein rechtes politisches Durchsetzungsvermögen und wurde schon in Rußland spöttisch »der kleine Napoleon« genannt.

Die Redaktion von Dni befand sich in der Kreuzberger Lindenstraße, nicht weit vom Halleschen Tor entfernt. Kerenski und ich hatten persönlich wenig miteinander zu tun, da er für den politischen Teil der Zeitung verantwortlich war und ich ausschließlich für das Feuilleton arbeitete. Doch einige Male hatte ich Gelegenheit, mit ihm zu reden. Ich erzählte ihm, daß ich sein Foto nach der bolschewistischen Machtübernahme verstecken mußte. Er lächelte.

Der Redakteur der literarischen Abteilung war Michail Osorgin. Eines Tages bat Osorgin mich in sein Büro und gab mir einen ganzen Stapel Bücher mit den Worten: »Vera, bitte schreiben Sie mir bis zur nächsten Woche darüber Rezensionen.« Ich erschrak und bemerkte, daß ich diese vielen Bücher unmöglich innerhalb einer Woche lesen könne. »Wer spricht denn von Lesen. Sie fangen oben links an und hören unten rechts auf. Als Rezensentin müssen Sie lernen, schnell zu lesen.« Ich nahm es mir zu Herzen, und siehe, es ging. Auch später bin ich oft nach dieser Methode verfahren.

Michail Osorgin wurde von Ischias geplagt. Oft konnte er daher das Haus nicht verlassen, und seine Frau ging ohne ihn aus. Manchmal blieb ich allein mit ihm in der Wohnung zurück. Wir küßten uns, aber weiter ist zwischen uns nichts vorgefallen. Später schrieb er mir aus Paris, er bedauere es, mir damals nicht die Unschuld genommen zu haben, da in Paris schon die sechsmonatigen Mädchen ihren Ammen untreu würden und es dort überhaupt keine unschuldigen Mädchen gäbe.

Ich lernte damals auch Alexej Tolstoi kennen. Er war Redakteur der Zeitung Der Vorabend, die kommunistisch orientiert war. Er bot mir an, bei ihm zu arbeiten. Aber ich war zufrieden mit meinen Sozialrevolutionären und blieb lieber bei Kerenski.

In diesen Tagen begegnete mir zufällig Alexander Bachrach auf der Straße, ein entfernter Verwandter von mir. Ich kannte ihn schon als Knaben. Als Kinder sahen wir uns allerdings selten, da seine Eltern nicht in Petersburg wohnten. Er war ein knappes Jahr jünger als ich, vielleicht 21 Jahre alt, und stammte aus einer sehr spießigen, bürgerlichen Familie, die mit der literarischen Boheme überhaupt nichts zu schaffen hatte. Er selbst jedoch war sehr intelligent und äußerst belesen. Eines Tages nahm ich ihn in die Dni-Redaktion mit, und bald veröffentlichte auch er viele Literaturkritiken. Er freundete sich mit vielen Künstlern an.

Großen Ärger gab es aber mit Viktor Schklowski. Bachrach und ich hatten eine schlechte Kritik eines seiner Werke geschrieben und mußten miterleben, wie ein rasend wütender Schklowski in den Redaktionsräumen erschien, einen Stuhl ergriff und ihn heftig auf den Boden schlug. Dabei brüllte er: »So weit sind wir gekommen, daß Kinder über unsere Bücher Kritiken schreiben dürfen!«

Bald verließ Bachrach Berlin und ging nach Paris, wo er eine Zeitlang Sekretär des Nobelpreisträgers Iwan Bunin wurde. Später kämpfte er in den Reihen der französischen Armee gegen die Nazis und arbeitete nach dem Krieg für eine Weile beim Sender Freies Europa in München. Ich korrespondierte noch eine Weile mit ihm, bis der Kontakt einschlief.

Viele Jahre später fiel mir eine Ausgabe der Zeitschrift Kontinente in die Hände, in der Bachrach einen Artikel über Andrej Bely schrieb. Er vertrat dort die für mich wenig schmeichelhafte und meines Erachtens nicht zutreffende Ansicht, ich sei damals Andrej Bely nachgelaufen, was mich aber nicht sonderlich berührte. Ich konnte über die Redaktion der Kontinente seine neue Adresse ermitteln, und wir schrieben uns wieder regelmäßig. Vor einigen Jahren, anläßlich eines Vortrages über Iwan Bunin, den er in Köln hielt, kam er für drei Tage nach Berlin geflogen, nur um mich nach fast sechzig Jahren Trennung wiederzusehen. Vor wenigen Wochen rief seine Frau mich aus Paris an und teilte mir mit, er sei gestorben. Sie schien sehr gefaßt und sprach sehr ruhig. Aber ich weiß, daß sie sehr leiden muß, da sich beide wirklich geliebt haben. Wenn ich sehe, wie andere Menschen sich zusammennehmen können, schäme ich mich. Ich veranstalte Dramen wegen Nichtigkeiten.

Aber ich will wieder in die zwanziger Jahre zurückkehren. Nun steht Tatida plötzlich vor meinen Augen, die auch irgendwie zu uns gehörte, wenngleich ich mir nicht sicher bin, ob auch sie literarisch gearbeitet hat. Sie war älter als ich, nicht besonders hübsch und hatte dunkles Haar. Bevor wir uns kennenlernten, war sie eng mit dem Dichter Woloschin befreundet, den sie für einige Zeit in seiner Datscha auf der Krim besuchte. Eines Nachmittags gingen wir spazieren und setzten uns auf eine Bank in der Bismarckallee. Neben uns saß ein Deutscher. Wir sprachen russisch miteinander. Von einem hinter der Bank stehenden Akazienbaum riß ich einen Zweig ab, worauf der Deutsche aufsprang und mir mit seinem Spazierstock auf die Finger schlug. Damals habe ich gelacht, aber dieser Vorfall zeigt deutlich, mit welch großem Haß die deutschen Spießbürger den russischen Emigranten entgegentraten.

Tatida war mein Anstandshündchen, jedenfalls taten wir so, als wäre sie es. Mein Vater war nämlich nach wie vor der Ansicht, es zieme sich nicht für seine

Tochter, allein mit einem jungen Mann spazierenzugehen. Wohl konnte er es mir nicht mehr verbieten, ich war immerhin 21 Jahre alt, aber es hätte zu Hause Skandal und unnützes Gerede gegeben. Also spielten wir ihm etwas vor.
Gemeinsam mit Tatida verließen Lasar Meierson und ich die elterliche Wohnung. An der nächsten Straßenecke verabschiedete sich Tatida und ging ihrer Wege. Dann waren Ljonka, wie wir ihn nannten, und ich allein. Lasar Meierson war ein jüdischer Kunstmaler, der in seinem Äußeren an einen katholischen Mönch erinnerte. Mit ihm hatte ich eine sehr schöne Romanze, von der mir nichts als ein Buch von E.T.A. Hoffmann blieb, das er mir geschenkt hatte.
Manchmal ging ich mit einer ganzen Horde junger Künstler spazieren. Nach Hause begleitete mich Meierson aber allein. Gelegentlich stand mein Vater am Fenster und konnte mich und meinen Begleiter beobachten. In solch einem Falle warnte mich meine Mutter, ich solle nur nicht lügen, er habe alles gesehen.
Lasar Meierson lebte mit dem jungen schwerkranken Schriftsteller Fedja Iwanow zusammen. Sie waren so arm, daß sie nicht nur gemeinsam ein möbliertes Zimmer bewohnen mußten, sondern auch für beide nur ein einziges Paar Schuhe und einen Mantel besaßen. Wenn einer von ihnen ausging, mußte der andere zu Hause bleiben. Ich las zwei der Werke Fedja Iwanows, ein Taschenbuch mit Erzählungen und »Der rote Parnaß«, ein Buch über die zeitgenössischen Maler. Iwanow war ein großgewachsener Jüngling, der kerngesund aussah. Bei näherer Betrachtung aber verriet die unnatürliche Röte seiner Wangen die schwere Krankheit, und er starb schon bald in Berlin an Tuberkulose. Meierson ging nach Paris, wo er als Bühnenmaler bekannt wurde und ebenfalls früh starb. Auch Salschupin wurde nicht alt. Tschelischtew, der Vetter von Wladimir Lindenberg, wurde Bühnenmaler in Amerika. Pikelny und Tereschkowitsch zogen auch nach Paris. Vor einiger Zeit traf einer meiner Freunde Pikelny in Paris bei Alexander Bachrach. Er sei sehr dick geworden und habe kränklich ausgesehen, erzählte er mir. Pikelny schickte mir ein Buch mit den Reproduktionen seiner Bilder und schrieb eine freundliche Widmung hinein. Ich sehe ihn noch jung und schlank vor meinen Augen.
Der Kubist Iwan Puni war ein schöner Mann, hatte aber, obgleich verheiratet, wenig Interesse an Frauen. Seine Art der Malerei ist mir immer fremd geblieben. Seine Frau war die ukrainische Malerin Ksana Boguslawskaja, die ihrerseits Frauen liebte und mit der weniger bekannten Dichterin Ferrari befreundet war. Während einer Party in unserer Wohnung mußte ich zum Haustor gehen, um weitere Gäste einzulassen. Ksana begleitete mich, und als wir allein waren, begann sie mich heftig abzuknutschen. Ich fand das äußerst amüsant und wehrte mich nicht.

Eines Abends gab Iwan Puni ein Fest in den Räumen seines Ateliers, zu dem ich gemeinsam mit Natascha, der Tochter des Schriftstellers Juschkewitsch, eingeladen war. Es wurde sehr spät. Alle anderen Gäste waren bereits gegangen, und Ksana bat mich, die Nacht über bei ihr zu bleiben, was ich ablehnte, da sie mir eigentlich nicht besonders gefiel. Daraufhin wurde sie so wütend, daß sie schrie: »Du Hexe, mit der Ehrenburg kannst Du, aber mich willst Du nicht.« Natascha und ich mußten fluchtartig das Atelier verlassen.
Ich hatte zu Ljuba Ehrenburg ein sehr liebevolles Verhältnis, was aber rein platonischer Natur war. Wer aber gesehen hatte, wie wir uns in der Prager Diele gegenseitig mit Kaffeesahne fütterten, hätte uns durchaus für ein Liebespaar halten können.
Jetzt bin ich müde. Ich liebe Dich. Ich weine, Du bist nah, hier in Berlin, aber unerreichbar.

Vera

2.9.1985

Liebste,

heute kam ein Brief von Dir. Ich war so aufgeregt, als ich ihn aus dem Briefkasten nahm, daß ich versehentlich versuchte, eine fremde Wohnungstür zu öffnen. Gestern las ich einen Artikel des Kunsthistorikers und Journalisten Natan Fedorowski über mich, in dem er mich die »wahnsinnige Poetessa« nennt. Ich stimme ihm bei. Nur weiß ich immer noch nicht, ob ein Leben, in dem es Tage großen Glückes und schweren Kampfes gegeben hat, einem ruhigen, durchschnittlichen Gang durchs Leben vorzuziehen ist. Für mich persönlich trifft das jedenfalls zu.
Nun noch einiges über das russische Berlin der zwanziger Jahre.
Einige Zeit lang war die Gegend um Wittenbergplatz, Tauentzienstraße und Gedächtniskirche fest in russischer Hand. An jeder Ecke gab es russische Lokale, auf den Straßen hörte man die Leute russisch sprechen. Es gab 86 russische Verlage und über 100 Zeitungen. Vorübergehend lebten über 300000 russische Emigranten in Berlin.
Um das Jahr 1921 herum bewohnten Ilja Grigorjewitsch Ehrenburg und seine Frau Ljuba Michailowna, eine Kunstmalerin, ein Zimmer in einer Pension in der Passauer Straße. Die Ehrenburgs waren selber nicht emigriert, sie besaßen die Erlaubnis der sowjetischen Behörden, sich im Ausland aufzuhalten. Mit ihnen war ich eng befreundet, insbesondere mit Frau Ehrenburg. Den Ehrenburgs habe ich zu verdanken, daß ich viele interessante Menschen kennenge-

lernt habe. Manchmal nahmen sie mich in das vornehme Restaurant Schwannecke mit, in dem die linksstehende literarische Prominenz Berlins verkehrte. Dort traf ich auch mit Ernst Toller, Axel Eggebrecht und Leonhard Frank zusammen. Zuvor war das Romanische Café in der Nähe der Gedächtniskirche das Zentrum der Literaten und Maler. Zu meiner Zeit war das Niveau dort aber so tief gesunken, daß man kaum mehr Künstler mit Namen treffen konnte.
Ilja Ehrenburg und seine Frau sagten »Sie« zueinander. Er redete sie mit »Sie, Ljuba« an, und sie nannte ihn: »Sie, Ilja Grigorjewitsch«. Ich hieß bei ihnen »Wolodja«, weil ein Artikel von mir in der Zeitung Dni versehentlich mit »Wl. Lourié« gezeichnet war. Wl. ist die Abkürzung von Wladimir und Wolodja ist die Zärtlichkeitsform dieses Namens. In eines seiner Bücher schrieb mir Ilja Ehrenburg: »Ich widme es meinem lieben Wolodja, nicht einem Kapaun, sondern einem Huhn.«
Ilja Ehrenburg war ein sehr kluger Mann und hatte eine scharfe Zunge. Obwohl ich gut mit ihm befreundet war, kann ich ihn nicht als ausgesprochen sympathisch bezeichnen. Er war bisweilen sehr ironisch. Als er in späteren Jahren in London von einem BBC-Reporter gefragt wurde, was ihm an England am besten gefiele, antwortete er: »Die Hunde«.
Eines Morgens fand Frau Ehrenburg einen Maulkorb vor der Zimmertür ihrer Pension. Offenbar gedacht für das lose Mundwerk ihres Gatten.
Ehrenburg sah sehr ungepflegt aus, es fehlten ihm einige Vorderzähne und die Knöpfe seiner Hosenträger. Alles an seinem Äußeren war in Unordnung. Böse Zungen behaupteten sogar, er hätte seine Hosen bei der Trauungszeremonie mit den Händen festhalten müssen, damit sie ihm nicht herunterrutschen. Daher habe er seiner Frau den Ehering nicht aufstecken können.
Als eines Morgens ein Karton Seife vor der Tür stand, nahm Ljuba Ehrenburg es mit Humor und meinte, sie sei glücklich, nun endlich genügend Seife zum Waschen zu haben.
Ehrenburg verbrachte einen großen Teil des Tages im Café Prager Diele, wo er seinen Stammtisch hatte. Dort frühstückte er, und dort schrieb er auch seine Bücher. Abends versammelten sich viele Künstler, die ihn sehen wollten, in der Prager Diele. Eines Tages tauchte der berühmte Clown Wladimir Durow auf, mit dem Ehrenburg befreundet war. Er hatte eine kleine Holzkiste mitgebracht. Als er sie öffnete, kam seine Lieblingsratte »Finjka« herausgekrochen, nahm auf Durows Schulter Platz und knabberte Cakes.
Ich hatte eine schlechte Kritik des Poems »Pugatschow« von Jessenin geschrieben. Jessenin war einer der herausragenden Dichter jener Zeit, voller Leidenschaft für die Revolution. Wie viele russische Genies trank er unmäßig und machte auch durch gelegentliches Randalieren auf sich aufmerksam. Als ich

abends in die Prager Diele kam, stellte mir Ilja Ehrenburg, der meinen Artikel kannte, einen hübschen russischen Bauernjungen mit blonden Locken vor, indem er sagte: »Wolodja, das ist der Dichter Jessenin«. Es war mir sehr peinlich. Jessenin sagte mir lächelnd: »Ich finde, daß Ihre Kritik sehr ungerecht war. Es ist ein schönes Poem.« Ich wäre am liebsten im Boden versunken.
Jahre später verübte Jessenin, nachdem er noch ein letztes Gedicht geschrieben hatte, in seiner Leningrader Wohnung Selbstmord, indem er sich erhängte und zuvor noch die Pulsadern aufschnitt.
Ich schrieb auch Artikel für Zeitschriften in der Tschechoslowakei und Litauen. Der Dichter Schklar gab mir 2 Dollar, damit ich eine gute Rezension eines seiner Bücher schreibe, das ich im Grunde miserabel fand. 2 Dollar waren eine Menge Geld, da die deutsche Währung von Tag zu Tag verfiel. Man mußte sämtliches deutsches Geld schleunigst ausgeben, weil es am nächsten Tag viel weniger wert war.
Ehrenburg verspottete mich und riet mir, ich solle immer sofort die Hand ausstrecken, wenn mich ein Schriftsteller bittet, eine Kritik eines seiner Bücher zu schreiben.
Ljuba Ehrenburg war Kunstmalerin und das genaue Gegenteil ihres Mannes, zumindest was das Äußere betrifft. Sie war schön und sehr elegant. Auch nach der Hochzeit behielt sie ihren Mädchennamen Kosinzewa als Künstlernamen bei. Sie war so schlank, daß mein Redakteur Michail Osorgin meinte, er würde sie trotz ihrer Schönheit nicht umarmen wollen, weil er sich an ihren Knochen zerkratzen könnte. Aus dem Sommerurlaub schrieb sie mir aus Spaß einen Brief mit roter Tinte: »Lieber Wolodja, ich schreibe Ihnen mit meinem Blute.«
Gelegentlich rief sie mich zu Hause an und sagte: »Wolodja, Sie müssen kommen, Ilja Grigorjewitsch langweilt sich.« Wenn ich dann bei ihnen war, nahm mich Ilja Ehrenburg auf den Schoß und spielte einen Franzosen, der ein Straßenmädchen verfolgt, hob mich hoch und trug mich durchs Zimmer. Er sprach perfekt französisch, da er lange Jahre in Paris gelebt hatte. Als Dichterin nahm mich Ehrenburg überhaupt nicht ernst, er machte sich lustig über mich.
Liebste, ich kann nicht weiterschreiben. Dein Brief liegt auf meinem Nachttisch, wie alle Karten, Briefe und Zettel, die von Deiner Hand geschrieben wurden. Gute Nacht!

In Liebe, Deine Vera

16.9.1985

Liebste,

gestern bin ich nicht weitergekommen. Hatte Schmerzen, legte mich ins Bett. Mischka lag neben mir, und ich bin eingeschlafen, mit der Hand auf ihrem warmen Rücken. Du bist das einzige, das mir die Kraft zum Dichten und Schreiben gibt. Und jetzt bist Du mir plötzlich so fremd geworden. Jetzt schreibe ich weiter über das längst Vergangene. Über die schreckliche Zeit, als die Nazis meine Mutter holten.

Zu Beginn des Krieges brachte uns noch unser Blockwart, eine sehr nette, kränkliche Frau, Mariechen Schmalzel, die Lebensmittelkarten in die Wohnung. Oben auf der Karte meiner Mutter stand ein großes J: Jude. Wenn Mariechen, die Karten in der Hand, an der Tür klingelte und meine Mutter öffnete, sagte sie zuerst »Heil Hitler«. Dann entschuldigte sie sich und sagte »Guten Tag«.

Um das Jahr 1944 herum wurde es den Blockwarten verboten, die Karten in die jüdischen Haushalte zu bringen. Wir mußten sie uns in der zuständigen Kartenstelle in der Joachim-Friedrich-Straße selbst abholen. In einigen Läden stand geschrieben: »Juden unerwünscht«. Das waren die Gemäßigten, denn in vielen anderen Geschäften hing das Schild: »Für Juden verboten«. Meine Mutter bekam nur Marken für Schwarzbrot. Weißbrot und Kuchen gab es für Juden nicht mehr. Dann wurde die Verordnung erlassen, alle jüdischen Haushalte müßten sich in einer Schule in der Pfalzburger Straße registrieren lassen. Diese Registrierung hatte einen teuflischen Sinn. Alle Juden sollten erfaßt werden.

Eines Sonnabends, im Januar 1944, ich wollte Kohlen holen, kamen mir zwei Männer im Hof entgegen. Sie fragten mich, wo im Hause Louriés wohnten. Ich antwortete ihnen, ich selber sei Vera Lourié. Dann sagten sie mir, ich solle keinen Aufstand machen, sie kämen, um meine Mutter zu holen. In den früheren Jahren der Nazi-Herrschaft wurden Juden, die mit Kindern aus Mischehen zusammenlebten, nicht ins KZ gebracht.

Dann ging alles sehr schnell. Ich lief zum Milchladen, um meiner Mutter noch einige Lebensmittel zu besorgen. Zuerst brachte man sie in das Polizeirevier, dann in die Große Hamburger Straße. Von dort wurden die Festgenommenen ins KZ geschickt. Du kannst Dir sicher vorstellen, in welchem Zustand ich mich befand. Ich rannte zu einer Bekannten und bat sie, mit mir nach Finkenkrug zu fahren. Dort verbrachte der deutsch-russische Zahnarzt Hugo Mentschel, Parteigenosse mit goldenem Abzeichen, die Wochenenden. Er behandelte die Zähne vieler russischer Emigranten in Berlin, und er behandelte sie schlecht. Er machte mehr kaputt, als er heilte. Aber wir kannten uns jahrelang, und er war in der Nazi-Zeit zu uns anständig geblieben.

Ich bat ihn, etwas zu unternehmen, um meine Mutter zu befreien. Sofort fuhr er mit mir nach Berlin, in die Große Hamburger Straße. Er konnte aber nur erreichen, daß meine Mutter nicht schon am Montag abtransportiert wurde.
Dann ging ich zu dem schwedischen Konsul, der während des Krieges die Interessen der sowjetischen Bürger in Deutschland vertrat. Er zeigte sich besorgt und war sehr hilfsbereit, obwohl er für russische Emigranten eigentlich nicht zuständig war. Er rief den zuständigen Beamten in dem Sammellager an und bat ihn, für die Entlassung meiner Mutter zu sorgen. Er solle dies als eine persönliche Gefälligkeit ansehen, da er meinen Vater gut gekannt habe. Der Mann antwortete ihm, daß er für Frau Lourié nicht zuständig sei. Da sie staatenlos war, sei sie eine Angelegenheit für den Sicherheitsdienst. Er könne uns nicht helfen.
Am nächsten Tag war ich wieder vor dem Sammellager. Draußen stand eine lange Schlange von Menschen, die sich von ihren Verwandten verabschieden wollten. Unter ihnen viele junge Männer in Uniform, denn Mischlinge wurden auch eingezogen und in den Krieg geschickt.
Früher hatte meine Mutter keinen Judenstern getragen. Im Sammellager nähte man ihr den Mondovisstern an das Kleid. Ich liebte meine Mutter sehr. Ich wollte mit ihr ins KZ gehen. Der Beamte, dem ich das sagte, meinte, ich müsse aber zuvor meinen Hund töten. Den könne ich nicht allein in der Wohnung lassen. Zum Glück konnte ich meinen geliebten Hund nicht töten. Wäre ich auch nach Theresienstadt gegangen, hätte keine von uns beiden überlebt. Ich konnte ihr ein wenig helfen, indem ich ihr Lebensmittelpakete schickte. Aber selbst das war gar nicht so einfach, da man erst einen Brief mit der Kennummer eines KZ-Häftlings erhalten haben mußte, ehe man an diese Nummer ein Lebensmittelpaket schicken durfte. Aber auf den Brief mußte man vielleicht monatelang warten. Inzwischen konnte der KZ-Häftling längst verhungert sein.
Also ging ich schon am Tag, nachdem meine Mutter abtransportiert worden war, in die Große Hamburger Straße und erkundigte mich bei dem zuständigen jüdischen Ordner, an welche Adresse ich meiner Mutter etwas schicken könne. Der Ordner hatte kein Recht, mir Auskunft zu geben. Er sagte jedoch zu mir: »Sie haben doch auf dem Kleid Ihrer Mutter eine Nummer gesehen, die Nummer ...«, er nannte die Nummer, und ich konnte meiner Mutter sofort Lebensmittel schicken.
Wenn der Häftling ein Päckchen bekam, durfte er auf einer vorgedruckten Bestätigungskarte mit der Hand unterzeichnen. Nur so wußte ich, daß meine Mutter noch lebte und die Lebensmittel bekommen hatte.
Ich schickte zweimal in der Woche Zwei-Pfund-Päckchen. Teils waren es Lebensmittel von meiner Lebensmittelkarte, teils tauschte ich meine Zigaretten-

ration mit einer Frau, die einen lungenkranken Mann hatte und für ihn extra Nährmittelmarken bekam. Sie war eine starke Raucherin und tauschte gern Gries und Reis gegen Zigaretten. Ich schrieb keine Briefe an meine Mutter, weil ich nicht sicher war, daß sie auch bei ihr ankommen würden.
In den letzten Monaten des Krieges gab es ein solches Durcheinander, daß keine Möglichkeit mehr war, Päckchen nach Theresienstadt zu schicken. Die Zug- und Postverbindungen waren zerstört. Ich wußte nicht, ob meine Mutter noch lebte.
Nichts funktionierte mehr, nichts. Die Wasserleitungen waren unterbrochen, es gab kein elektrisches Licht, selbst Kerzen waren rar. Das Telefon ging nicht mehr. Nur das Radio. Das Radio ging immer.
Kurz nach der Kapitulation kam im Radio eine Durchsage, daß sich die nahen Verwandten der Häftlinge aus Theresienstadt in dem jüdischen Krankenhaus in der Iranischen Straße melden sollten. Die Überlebenden aus Theresienstadt könnten dort »angefordert« werden.
Dieser Tag ist mir gut in Erinnerung geblieben. Ich bat eine Frau aus unserem Haus, mich zur Iranischen Straße in den Wedding zu begleiten. Es ist ein langer Weg von Halensee bis zur Iranischen Straße, besonders wenn man den Weg zu Fuß gehen muß. Das öffentliche Verkehrssystem war völlig zusammengebrochen. Ab und zu hielten wir Autos mit sowjetischen Soldaten an und wurden ein Stück des Weges mitgenommen.
In dem jüdischen Krankenhaus war in einem dunklen, großen Zimmer eine Informationsstelle eingerichtet worden. An einem Tisch saß eine ältere Frau. Vor ihr stand ein großer Karton. Darin waren, penibel alphabetisch geordnet, die Karteikarten der Überlebenden von Theresienstadt.
Die Leute gingen der Reihe nach an den Tisch. Lange mußte ich warten, aber endlich war es soweit. Ich sagte den Namen meiner Mutter, und die Frau nahm die Karten mit dem Buchstaben L aus dem Karton. Sie las die Namen der Geretteten laut vor. Ihre Finger blätterten eine Karte nach der anderen um, und der Stapel wurde immer dünner. Es waren schreckliche Minuten.
Dann las sie laut und deutlich: »Frau Marie Lourié«.

In Liebe, Vera

ULRICH SCHACHT

ZEIT DES LICHTS

GANZ HOCH DER MOND ganz
tief die Nacht ganz hell die
leere Stunde im nassen Gras hab
ich gelacht aus überstummem
Munde. Was sehen wir wenn wir
das sehn was sagt uns diese
Sage? Ich weiß, die Zeit blieb
einfach stehn sie wurde reine
Frage. Und Antwort Bild und
Spiegel Bild darin ein Blätter
Rauschen. Mond siegelte was
immer gilt von niemandem zu
tauschen. Ich ging ins Haus ich
schloß die Tür erwartete den
Schlaf: Ich war allein. Ich war
bei mir. Ich war der, den ich traf

SOMMERANFANG

Ein Tag an dem ich wußte wer
ich bin ein Tag an dem ich wußte wer
ich werde. Ein Tag dem jede
Wolke Sinn gab selbst dem
Schatten den sie warf auf jene
Erde, die mir ein Grund war ohne
Furcht zu schauen: vom Haus, in dem
ich lebe, auf das Meer das vor mir
lag ganz still ganz ohne Grauen –

nur Blätter rauschten
schwer. Ein fremder Wind ein
sanfter Bruch der Stille der mir den

Augenblick ins Ewige vertrieb. Das
Ewige ist reiner Wille ein
Brief, den uns ein andrer
schrieb. Wir können ihn nicht
lesen nur verstehn, indem wir auf
den Tag sehn, den wir sehn.

AUS DEM ARCHIV DER NATUR
Blatt 7

Auf der Lavendel
Lohe violette Flammen
Spitzen tanzen tausend Falter, ich
muß nicht zählen um die

Zahl zu wissen ich muß
nur schauen wieviel Flügel
Schläge überm Feuer
zucken, im

Licht, das ungebrochen seinen
Weg auf dieses Erdstück findet. Parzelle
zwischen Fels und
Meer im

Winter weiß von
Schnee, der einen Grund
deckt: Unbeschriebne Blätter
leuchten so

ANTWORT

Schnee Wolken treiben über das Meer aus
Wellen zum Himmel steigt Grau. Die Dämmerung
sammelt ein Geisterheer auf zerschlagenem

Mittagsblau.

Die Bilder vom Tage die Bilder zur
Nacht versinken in fallendem Schnee und
niemand hier der die Stille zerlacht. Ihr Echo

schweigt über der See.

IM NEBELGARTEN geht die Welt
verloren es bleibt das Schwarze, und das

Weiße bleibt. So wird ein alter Baum im
Schnee geboren der niemals Blätter Früchte

treibt: nur Wurzeln Äste die in Nebel
greifen in weiße Welt aus Nichts und

Abernichts. Manchmal, wenn Winde durch
den Garten streifen, erinnert er die Zeit des

Lichts. Im Nebelgarten will die Welt sich
heilen von jedem Bild das sich im Licht

erlöst. Will nur verharren und im Weiß
verweilen, das niemanden ins Nichts verstößt.

AUS DEM ARCHIV DER NATUR
Blatt 3

Der letzte Schnee, der gestern
fiel, fließt heut davon der Winter gibt

sein altes Spiel auf älterem Plafond: Im
Fels, der nun gewaschen wird, glänzt

Licht: fahl noch und schwach, vor Nächten
trieb ein Geisterhirt Wildvögel übers

Dach. Der Mond, ein hoher weißer
Kreis, vereiste das Geschrei. Nur kurz

hielt sich der Schlußbeweis: Es ist –
vorbei.

JOCHEN RACK

LEBEN UND KONSUM

Gespräch mit Zygmunt Bauman

JOCHEN RACK: Sie haben sich in zwei kürzlich erschienenen Büchern mit der konsumistischen Gesellschaft auseinandergesetzt. Konsum als Königsweg zum Glück, sagen Sie, ist eine Illusion, die von der heutigen Zeit gefördert wird. Wie begründen Sie das?

ZYGMUNT BAUMAN: Zunächst muß ich sagen, daß ich mich weniger für den Konsum als für den Konsumismus, weniger für die Konsumgesellschaft als für die Gesellschaft der Konsumenten interessiere. Konsum als solcher ist ein banaler Aspekt des Lebens. Als menschliche Wesen sind wir aufgrund unserer Natur zwangsläufig Konsumenten: Wir müssen uns auf den Metabolismus der äußeren Welt einlassen. Das galt schon immer. Das Neue und Besorgniserregende heute ist die Expansion des Konsumismus, all jener Verhaltensweisen also, die im Prozeß des Konsumierens entstehen und sich inzwischen über die ganze Gesellschaft ausbreiten. Mich interessieren die Folgen dieser Kolonisation. Vor hundert Jahren begriff man die Menschen vor allem als Produzenten. Die Position, die der einzelne im Arbeitsleben einnahm, bestimmte seinen Ort in der Gesellschaft. Sie definierte auch die Beziehungen der Menschen untereinander. Heute wird all das durch den Konsum definiert. Wenn es früher eine ökonomische Krise gab, versuchte man sie zu lösen, indem man an der Produktion etwas änderte, heute hört man von den Regierungen, nur steigender Konsum könne uns aus der Krise führen. Unsere staatsbürgerlichen Pflichten bestehen darin, in die Geschäfte zu gehen, Geld auszugeben und die Wirtschaft am Laufen zu halten.

RACK: Konsum als die erste Bürgerpflicht?

BAUMAN: Ja.

RACK: Die Pointe Ihrer Argumentation aber ist, daß die konsumistische Struktur unserer Gesellschaft auf die Menschen selbst zurückschlägt: Sie modellieren sich nach der Form von Waren.

BAUMAN: Die Macht der Machtlosen in der konsumistischen Gesellschaft *ist* der Konsum. Menschen sind nicht von vornherein und in allem determiniert, sie haben die Möglichkeit, sich selbst zu erschaffen, sich selbst zu definieren. Diese Macht realisieren sie, indem sie sich ins Marktgeschehen einmischen, indem sie einkaufen und konsumieren und dadurch eine bestimmte gesellschaft-

liche Position einnehmen. Aber es geht beim Konsum – wie man naiverweise vielleicht annehmen könnte – nicht um den Besitz von Dingen. Die konsumistischen Verhaltensmuster beruhen nicht auf dem Wunsch, immer mehr zu besitzen, sondern auf der Sehnsucht nach dem schnellen und stetigen Wechsel. Die Verlockungen des konsumistischen Lebensstils entspringen dem beschleunigten Veralten der Dinge, also man muß sie umgehend wieder loswerden. Deshalb werden enorme Mengen von Abfall produziert. Nur das Neue wird geschätzt. Wir mögen hervorragende Telefone oder Computer haben, die noch jahrelang funktionieren würden, aber wir schmeißen sie weg, nur weil es modernere gibt, wir schmeißen sie weg, als würden wir uns ihrer schämen. Das ist es, was Günter Anders prometheische Scham nannte: die Scham vor der ›beschämend‹ hohen Qualität der selbstgemachten Dinge. Und um den Makel, der das für uns bedeutet, loszuwerden, erwerben wir sie.
RACK: Aber diese Scham richtet sich letztlich gegen uns. Denn wir behandeln uns und die anderen nun wie Waren, die wir benutzen und wegwerfen können.
BAUMAN: Wer zum Beispiel ein technisch überholtes Handy hat, schämt sich, weil er von seinen Freunden ausgelacht wird. Die Reklame für eine Armbanduhr lautet: »Es ist Ihre Uhr, die alles darüber sagt, was Sie sind.« Das heißt, man drückt seine Identität, sein Selbst, seine Qualität oder Position dadurch aus, daß man seine Uhr zeigt. Ein großer Autohersteller wirbt mit dem Slogan: »Sie kaufen nicht ein Auto, sondern ein Stück von sich selbst.« Früher sah man im Konsum ein Mittel, um seine Bedürfnisse zu befriedigen. Hatte man sie befriedigt, war man für den Markt verloren. Ende des neunzehnten Jahrhunderts fand man andere Methoden, um Käufer anzulocken. Man weckte in ihnen die Sehnsucht nach neuen, attraktiven Dingen. Man versprach ihnen angenehme Überraschungen. Man stimulierte Bedürfnisse nach Gütern, die es noch nicht gab. Einen Schritt weiter gehen die heutigen Shopping-Malls. Sie werden mit dem Ziel gebaut, potentielle Käufer durch Schönheit, Wohlgeruch, einschmeichelnde Musik usw. zum Kaufen zu animieren. Einem, der in eine Mall geht, um ein Pfund Zucker zu kaufen, begegnen auf dem Weg zum Lebensmittelstand so viele neue, anziehende Dinge, daß er sich wie aus einer Laune heraus und gänzlich unbeabsichtigt noch mit ganz anderen Sachen eindeckt. Von diesen Neuheiten erwartet man gar nicht, daß man sie braucht, man ist nur beeindruckt von den in ihnen steckenden Möglichkeiten und freut sich daran.
RACK: Sie beziehen sich wiederholt auf Siegfried Kracauers berühmte Schrift »Die Angestellten«, worin der Autor bereits in den zwanziger Jahren derartige Phänomene beschrieb. Was wäre das Neue an unserer Situation?
BAUMAN: Kracauer war einer der wenigen Sozialwissenschaftler, die prophetische Gaben besaßen. Als die ganze Entwicklung gerade erst begann, sah

er schon voraus: Wir alle müßten uns demnächst in gut verkäufliche Waren verwandeln. Kracauer sah die Anfänge, heute ist es fast schon trivial, darauf hinzuweisen, denn das alles ist längst alltäglich geworden. Heute sind wir mit radikal neuen Möglichkeiten konfrontiert, aber die Sehnsucht ist immer dieselbe: uns attraktiver für den Arbeitsmarkt, auch den Beziehungsmarkt zu machen. Und wir wissen, daß wir uns diese Sehnsucht nur erfüllen können, indem wir uns mit den neuesten Produkten ausstaffieren.
RACK: Als Gegenthese könnte man sagen: Die Möglichkeit, sich in veränderter Weise in der sozialen Welt zu präsentieren, auch ästhetisch zu repräsentieren, ist auch eine Form von Freiheit. Die liberale Deutung des Phänomens firmiert unter dem Begriff des Self-Fashioning. Man lobt die erweiterten Ausdrucksmöglichkeiten des postmodernen Menschen. Es ließe sich auch an eine These von Nietzsche anknüpfen, der »das Dasein nur als ästhetisches Phänomen« gerechtfertigt sah. Deshalb die Frage: Ist es konformistischer Druck, der auf dem einzelnen lastet, oder eröffnet sich ihm hier ein neuer, unerwarteter Freiheitsspielraum?
BAUMAN: Sie weisen auf einen gewichtigen dialektischen Widerspruch hin: Unsere Freiheit wird definiert durch die Möglichkeit, zwischen verschiedenen Produkten zu wählen. Wir haben die Wahl, aber indem wir sie ausüben, vertiefen wir unsere Abhängigkeit vom Markt. Man kann nicht eindeutig sagen, ob es Freiheit ist oder Sklaverei. Ich meine: es ist Sklaverei durch Freiheit, und Freiheit durch Sklaverei. Das eine ist nicht ohne das andere zu denken. Es ist wie in manchen Ehen: der eine kann nicht ohne den andern leben, und doch liegt man ständig miteinander im Streit. Dieselbe Spannung, derselbe Konflikt zwischen Freiheit und Abhängigkeit existiert auch in der Gesellschaft der Konsumenten: er erneuert sich von Tag zu Tag. Neue Produkte, für die es kein Bedürfnis gab, ehe sie auf den Markt kamen, werden haufenweise angeboten. Das Problem der Verkäufer ist es, für entsprechende Nachfrage zu sorgen. Etwa nach dem Motto: Ich habe eine Antwort, aber was ist die Frage? Was soll man den Leuten versprechen, damit sie es kaufen? Das ist ein Unternehmen voller Risiken, und es geht nur über Trial and Error. Darum ist die konsumistische Gesellschaft eine Wegwerfgesellschaft. George Bernard Shaw, ein begeisterter Amateur-Fotograf, sagte einmal: Ein Fotograf ist wie ein Kabeljau, er muß tausend Eier legen, damit ein Nachkomme bleibt. Um ein perfektes Foto zu schießen, muß man tausend Aufnahmen machen und 999 davon wegwerfen. Um einen Song erfolgreich am Markt zu plazieren, müssen Hunderte von ihnen produziert werden. Aber nur einer davon wird die Imagination fesseln, die anderen werden verschwinden, ohne je Profit abzuwerfen.

RACK: Wie ist es überhaupt möglich, zwischen wahren und falschen, zwischen echten und eingebildeten Bedürfnissen zu unterscheiden? Läge in einer Antwort darauf nicht das normative Fundament für eine kritische Theorie der Konsumgesellschaft?

BAUMAN: Ich würde gern eine Antwort geben, aber ich habe keine. Die Konsumgesellschaft hat enorme Fähigkeiten, jede Kritik an ihr zu absorbieren. Ein gutes Beispiel dafür sind die ökologischen Produkte. Sie wurden zu einem profitablen Geschäft. Nehmen wir den Kaffee, der aus dem sogenannten Fair Trade kommt. Er ist teurer als der herkömmliche, aber man weiß nicht genau, wer eigentlich den Gewinn einstreicht, ob es der Produzent in Afrika oder Lateinamerika ist oder doch nur irgendeines der etablierten Handelsunternehmen. Das ist ein Mechanismus, der überall in der konsumistischen Ökonomie anzutreffen ist. Widersetzt man sich der einen Form von Praxis, bereitet man einer anderen den Boden. Es ist ein Teufelskreis, und ich weiß nicht, wie man aus ihm herauskommt.

RACK: Wenn ich richtig verstehe, sagen Sie: Der liberale Markt sei auf eine bestimmte Art und Weise totalitär?

BAUMAN: Sie erinnern sich, daß Jürgen Habermas in seinen »Legitimationsproblemen im Spätkapitalismus«, einem Buch, das großen Eindruck auf mich machte, behauptet hat, der zeitgenössische Staat habe die Funktion, für die Reproduktion der kapitalistischen Ökonomie zu sorgen. In der Gesellschaft der Produzenten braucht die Wirtschaft ein Zusammenkommen von Unternehmern und Arbeitern – und dementsprechend sorgt der Staat, sollte es nötig sein, finanziell für die Aufrechterhaltung ihrer Beziehungen. Habermas lenkte schon damals unsere Aufmerksamkeit auf den Übergang von der produktions- zur konsumtionsorientierten Ökonomie. Wie die Produktionsökonomie auf dem Zusammenkommen von Arbeitern und Kapitalisten beruhte, so beruht die konsumistische Ökonomie auf dem Zusammenkommen von Käufern und Verkäufern. Dieses Zusammenkommen wirtschafts- und finanzpolitisch zu sichern gehört zur Funktion des modernen Staates. Das zeigte sich auch in der jüngsten Finanzkrise, die ja im Kern eine Kreditkrise war. Wie hat der Staat reagiert? Er hat Milliarden von Dollar und Euro in die Banken gepumpt, damit sie weiterhin Kredite vergeben können. Das ist die Logik unserer gegenwärtigen Gesellschaft. Es gab einen Konsens aller Politiker, nicht nur in England oder den USA, auch im Rest Europas, daß der Staat intervenieren muß, um die Sache wieder ins Lot zu bringen. Ohne Einspringen des Staates keine Rückkehr zur Normalität. Und Normalität heißt, den Menschen zu ermöglichen, sich Geld zu leihen, damit sie es ausgeben können und so die konsumistische Gesellschaft am Laufen halten. Eben das ist die Logik, die zur Krise führte. Wir haben nicht nur keinen Ausweg aus ihr gefunden, wir haben lediglich die Voraussetzungen wiederhergestellt, damit sie neuerlich ausbrechen kann.

RACK: Wie kann die globalisierte konsumistische Kultur politisch überhaupt noch gesteuert werden? Habermas spricht von der »postnationalen Konstellation«. Welche Chance sehen Sie, den Anarchismus des Weltmarktes, die Exzesse der internationalen Finanzwirtschaft durch eine postnationale Politik zu bändigen?

BAUMAN: Das Konzept der postnationalen Politik resultiert aus der Erfahrung, daß der nationalstaatliche Rahmen von Macht und Politik, von dem man dachte, er sei für die Ewigkeit gemacht, vielleicht nicht zerbrochen, aber doch in Auflösung begriffen ist. Die Macht hat die nationalen Grenzen überschritten und sich bis in den Cyberspace ausgebreitet. Schon jetzt werden zwei Drittel des Welthandels von multinationalen Unternehmen kontrolliert, die von keinem einzelnen Staat abhängen. Handel, Warenzirkulation, Finanzwelt, Kapital, Kriminalität, Terrorismus, sie alle agieren inzwischen global. Nur die Politik ist nach wie vor – von wenigen und unzureichenden Ausnahmen abgesehen – lokal definiert. Aus dieser Diskrepanz entstand Habermas' Konzept der postnationalen Politik, das mich übrigens sehr anspricht. Politik muß die globalen *terms of trade* berücksichtigen. Aber leider fehlen bisher die richtigen Instrumente dafür.

RACK: Sind Sie pessimistisch?

BAUMAN: Ich weiß es nicht. Vor 150 Jahren war Deutschland noch eine Ansammlung kleiner Fürstentümer und Grafschaften, es gab keinen Einheitsstaat. Es gab ein ambitioniertes Preußen, aber der Rest des Landes war politisch zerstückelt. Dann begann wie in Frankreich, Spanien oder Italien die Bildung des Nationalstaats. Die Verbindung von Macht und Politik wurde auf eine gesamtnationale Ebene gehoben.

RACK: Und Sie glauben, daß sich etwas Ähnliches auch im Weltmaßstab herausbilden könnte?

BAUMAN: Es gibt deutsche, englische und italienische Verfassungsgerichte, aber keine internationalen. Die Parlamente sind deutsch, französisch oder italienisch. Zwar erleben wir die Anfänge eines europäischen Parlaments, aber ein weltweites gibt es nur als Traum oder Utopie. Alle Institutionen, die der Politik Einfluß garantierten und der Macht Schranken setzten, waren für den nationalstaatlichen Rahmen gemacht. Dieser Rahmen muß ins Globale erweitert werden. Das ist die heutige Herausforderung.

RACK: Müßte für postnationale Institutionen nicht gelten, daß die beteiligten Staaten ein gemeinsames Grundverständnis von Demokratie teilen? Doch wie steht es hier mit China, mit Rußland?

BAUMAN: Schauen Sie, ich bin kein Prophet. Ich hatte einmal eine Diskussion mit Reinhart Koselleck, dem großen Ideenhistoriker. Wir haben öffentlich die Frage besprochen, ob die Philosophen der Aufklärung für das verantwortlich sind, was in der Französischen Revolution passierte. Ich sagte etwas Triviales: Man kann sie nicht dafür verantwortlich machen, denn sie konnten nicht wissen, was Robespierre, Danton oder Marat tun würden. Koselleck ging noch einen Schritt weiter: Die Philosophen der Aufklärung seien gar nicht fähig gewesen, sich eine durch die Revolution entstehende Gesellschaftsordnung vorzustellen, denn es fehlte ihnen an entsprechenden Beschreibungskonzepten. Nehmen wir ein anderes Beispiel: Würde Aristoteles heute in den Bundestag oder ins House of Commons eingeladen, könnte er nicht verstehen, wenn ihm jemand sagen würde: »das ist Demokratie«. Denn er verstand unter Demokratie das, was auf der Agora von Athen stattfand, nämlich direkte Demokratie. Die Idee der repräsentativen Demokratie lag jenseits seines Ideenhorizonts.
RACK: Man könnte mit Ernst Bloch von einer »historischen Blickschranke« sprechen.
BAUMAN: Hinsichtlich der postnationalen Konstellation sollte man sich die künftige politische Integration der Menschheit nicht einfach in Form einer Erweiterung heutiger Institutionen vorstellen. Die direkte Demokratie des Aristoteles trug den Bedürfnissen der athenischen bzw. thebanischen Gesellschaft Rechnung, also kleinen Städten. Analog entsprach die repräsentative Demokratie samt Parlamentarismus, öffentlicher Meinung und Parteienstreit dem Nationalstaat. Wollten wir heute den großen Schritt von der nationalen zur postnationalen Konstellation machen, bräuchten wir neue Institutionen. Es kann nicht nur um ein größeres Parlament gehen. Es wird wohl auch nicht einfach dieselbe Art von vereinheitlichender Gesetzgebung geben können, wie wir sie kennen. Das Maß an Differenzierung wird wesentlich höher sein als im klassischen Nationalstaat. Der Nationalstaat schuf auch eine starke Homogenisierung – das wäre auf der Ebene der Weltgesellschaft nicht erreichbar. Wir müssen wirklich etwas Neues erfinden. Aber es ist sehr schwer, sich das vorzustellen.
RACK: In Ihrem Buch »Wir Lebenskünstler« versuchen Sie auf der Ebene des Individuums gewisse Auswege aus den Zwängen der konsumistischen Kultur aufzuzeigen.
BAUMAN: Als ich jung war, suchte ich nach der perfekten Gesellschaft. Jetzt, im hohen Alter, lautet meine Definition einer guten Gesellschaft lediglich: eine gute Gesellschaft ist diejenige, die sich nie für gut genug hält. Also eine Gesellschaft, die entschlossen die neuen Formen von Erniedrigung, Ungerechtigkeit, Elend und Unglück bekämpft. Allerdings ist es so: sobald wir die

eine Form von Elend bekämpfen, entsteht eine andere. Zum Teil übrigens auch und gerade durch unsere Anstrengungen, ein bestimmtes Elend zu beseitigen. In meiner »Postmodernen Ethik« habe ich darauf hingewiesen, daß die postmoderne Konstellation zu einer Gabelung führt. Sie schafft neue moralische Möglichkeiten und zugleich neue moralische Bedrohungen. Jetzt spreche ich nicht mehr von postmoderner Gesellschaft, sondern von liquider Moderne, aber das Problem ist dasselbe geblieben. Es hängt von uns selber ab, welche Wahl wir treffen. Ich stimme mit Levinas überein: Nicht die ethischen Prinzipien müssen sich vor der Gesellschaft rechtfertigen, sondern die Gesellschaft muß sich vor den ethischen Prinzipien rechtfertigen. Die Frage ist, ob eine Gesellschaft Egoismus, Gier, Feindschaft, gegenseitigen Kampf begünstigt oder erschwert. Hobbes sagte, die Gesellschaft müsse Verhaltensregeln diktieren, damit die Menschen, die gegeneinander voll von feindseligen Instinkten sind, in Frieden miteinander leben können. Levinas hingegen sagte, die ethischen Maßstäbe stammen von heiligen Menschen. Sie leben vor, was es heißt: setzt euch füreinander ein, vergeßt eure egoistischen Interessen, laßt euch leiten von den Bedürfnissen der anderen. Aber leider, die Gesellschaft besteht nicht aus Heiligen, sondern aus normalen Menschen. Ihnen muß die Gesellschaft ermöglichen, moralischen Prinzipien zu folgen, das heißt sich verantwortungsbewußt zu verhalten. Die Gesellschaft entscheidet darüber, wie weit die moralische Verantwortung des einzelnen geht. Ob er bestraft werden muß, weil er seiner Verpflichtung, einem in Schwierigkeiten geratenen Menschen zu helfen, nicht nachgekommen ist, oder ob er dazu schlicht nicht in der Lage war, aus welchen Gründen auch immer. Jede Gesellschaft trifft hinsichtlich dieser Alternative ihre eigene Wahl. Die konsumistische Kultur schafft unglücklicherweise kein gutes Klima für moralische Lebenseinstellungen. In der Gesellschaft der Produzenten ging man von der Notwendigkeit der Solidarität aus, weil die Produktion eine gemeinsame Anstrengung erforderte. Konsum dagegen ist letztlich eine solitäre Aktivität, selbst wenn man um ein und denselben Kaffeetisch versammelt ist. Solidarität ist dazu nicht erforderlich. Gemeinschaft und Solidarität sind in der Alltagspraxis durch Netzwerke ersetzt worden.

RACK: Dieser Thematik haben Sie Ihr Buch »Gemeinschaften« gewidmet. Sie loben darin die Tugenden der Freundschaft, der Liebe, der Fürsorge. Sie verteidigen Zugehörigkeit. Sie versuchen innerhalb der individualistischen Kultur weiterhin die Werte der Solidarität zu bewahren.

BAUMAN: Die Ideologie der gegenwärtigen Gesellschaft besteht darin, daß der einzelne nicht vom Lebensort der Gemeinschaft aus definiert wird. In eine Gemeinschaft wird man hineingeboren, sie geht einem voraus. Anders das Netzwerk, das allein durch Aktivität entsteht, nämlich die, sich elektronisch zu verbinden bzw. die Verbindung abzubrechen. Man kann entscheiden, zu wem man gehören will. Gefahr droht heute weniger aus der Richtung, aus der die Kritische Theorie sie kommen sah, das heißt aus der totalitären Tendenz des Staates à la Orwell. Niemand erwartete damals, daß die Kolonisierung der Privatsphäre nicht aus der öffentlichen Sphäre kommen würde. Tatsächlich aber ist genau das Gegenteil eingetreten: die Privatsphäre ist dabei, die öffentliche Sphäre zu kolonisieren. Weder Hannah Arendt noch Herbert Marcuse, weder Adorno noch Brecht sahen das voraus. Es ist höchste Zeit, die Erosion der zwischenmenschlichen Beziehungen zu stoppen und sie wieder auf eine sichere Basis zu stellen. Robert Musil sprach seinerzeit vom »Mann ohne Eigenschaften«, ich spreche mittlerweile vom »Mann ohne Verwandtschaften«. Wir sind im Begriff, uns der tragenden Säulen in den zwischenmenschlichen Beziehungen zu berauben.

RACK: Könnten wir die Gemeinschaftsbande nicht stärken, indem wir uns des reichen Fundus an Sozialformen der »Produzentengesellschaft« erinnerten?

BAUMAN: In »Wir Lebenskünstler« spreche ich von zwei Mächten, die entscheiden, was mit uns passiert. Die eine ist das Schicksal, die andere der Charakter. Das Schicksal bestimmt über unsere Möglichkeiten, der Charakter trifft die Wahl zwischen ihnen. Wir werden weder von der Gesellschaft gezwungen, das zu tun, was sie von uns fordert, noch sind wir so frei, die Gesellschaft nach unserem Willen zu ändern. Es ist ein ständiger Kampf. Das Buch endet mit der Gegenüberstellung zweier Charakterkonzeptionen: Die eine stammt von Levinas, die andere von Nietzsche. Entweder wir finden zusammen und übernehmen Verantwortung füreinander, um das Leben aller zu verbessern, oder wir teilen Nietzsches aristokratische Verachtung für die Schwachen. Beide Wege sind gangbar.

RACK: Ich möchte auf Ihre Biographie zu sprechen kommen: Als 1925 Geborener ist Ihr Denken stark von der Erfahrung des Totalitarismus geprägt, nämlich der des Nationalsozialismus und der des Kommunismus. Als Polen von den Nazis überfallen wurde, sind Sie mit Ihrer Familie – einer jüdischen Familie – in die Sowjetunion geflohen und haben im Krieg in polnischen Einheiten für die Befreiung Ihres Heimatlandes gekämpft. Als Mitglied der kommunistischen Partei Polens kämpften Sie gegen antisowjetische Partisanen. Sie waren also zumindest eine Zeitlang loyal gegenüber dem kommunistischen System in Polen. In welchem Maße hat diese Erfahrung Ihr Denken geprägt? Und wie haben Sie sich schließlich von der kommunistischen Ideologie freigemacht?

BAUMAN: Schauen Sie, Polen war vor dem Zweiten Weltkrieg ein armes, rückständiges Land, es gab achtzehn Millionen Arbeitslose, und die Menschen lebten im Elend. Dann kam der Krieg, und die polnischen Städte und die polnische Industrie wurden zerstört. Als junger Mann nach dem Krieg meinte ich, daß wir nicht einfach zur Vorkriegssituation zurückkehren konnten. Die polnischen Kommunisten, die polnische Arbeiterpartei präsentierten ein Wiederaufbauprogramm, das mir attraktiv erschien. Man wollte die verarmte Bevölkerung aus ihrem Elend herausholen, für alle Arbeit schaffen und die Industrie wiederaufbauen. Deshalb habe ich mich der kommunistischen Partei aus Überzeugung angeschlossen. Ich glaubte wirklich, daß man den Widerstand derjenigen, die sich gegen die Nationalisierung der Industrie und gegen die Agrarreform sträubten, überwinden müsse. Anfangs dachte ich, der Grund dafür, daß sich die Versprechungen nicht erfüllten, läge an der Unfähigkeit und den Fehlern einzelner, mir schien, daß es die Leute gut meinten, aber aus Mangel an Erfahrung und Wissen an ihren Aufgaben scheiterten; man müsse bloß diese Leute ersetzen, nicht aber das Programm ändern. Es brauchte zehn Jahre, bis ich begriff, daß das kommunistische System selber das Problem war. Schließlich wurde ich ein sogenannter Revisionist, und 1968 hat man mich von der Warschauer Universität geworfen. Mancher meint, das hätte mit der damaligen antisemitischen Kampagne in Polen zu tun gehabt. Aber nicht alle Juden wurden rausgeschmissen, und nicht alle, die rausgeschmissen wurden, waren Juden. Man hat mich von der Universität entfernt, weil ich ein Abweichler war. Es gibt in der Sache nichts, worauf ich stolz sein könnte, aber auch nichts, wofür ich mich schämen müßte.

RACK: Es gab im deutschen Feuilleton eine gewisse Erregung über Ihre Mitarbeit beim polnischen Geheimdienst.

BAUMAN: Ich kenne diese Artikel. Sie sind der deutschen Ignoranz gegenüber der historischen Situation in Polen geschuldet. Meine Position unterschied sich in nichts von der eines Großteils der polnischen Intelligenz. Nehmen wir einen Mann wie Stanisław Ossowski, einen der größten polnischen Denker. Er befand sich in ständigem Konflikt mit der kommunistischen Macht. Er war einer meiner Lehrer an der Warschauer Universität, wir waren befreundet. Kurz vor seinem Tod erzählte er mir folgendes: Als junger Mann war er 1939 mobilisiert worden, weil die Invasion der Deutschen bevorstand, und da verbreitete sich in den Kasernen plötzlich das Gerücht, Deutschland und Polen hätten sich geeinigt. Ossowski war verzweifelt, als er hörte, daß es keinen Krieg geben würde. Er wollte den Krieg, damit sich in Polen etwas änderte, er hielt es für unerträglich, daß alles im alten Trott weiterging. Es gab also inmitten des vom Krieg verwüsteten Landes bei vielen den Traum, daß Polen sich aus seiner elenden Situation befreien müsse. Auch Leszek Kołakowski, der ja kein Kommunist und kein Marxist war, gab zu, daß er als junger Mann im Blick auf die politischen Trends und die gegebenen Parteien das Programm der Kommunisten am besten fand. Deshalb schloß er sich der KP an, und das tat jeder, der die Situation in Polen verbessern wollte.

RACK: Und aus heutiger Sicht: Sehen Sie eine Schuld bei sich?

BAUMAN: Ich war zum Teil verblendet, ich habe mich täuschen lassen, und es ist schwer, sich die eigene Ignoranz und die eigene Unfähigkeit zu vergeben. Aber ich schäme mich nicht. Ich habe niemanden verraten, nichts im strengen moralischen Sinne Falsches getan. Ich habe vielleicht eine falsche Wahl getroffen, aber ohne die hätte ich weniger zum Wiederaufbau Polens beitragen können. Zumindest habe ich mitgeholfen, die polnische Soziologie voranzubringen, das war etwas Positives. Ich bin nicht in die Wälder gegangen, um Leute zu erschießen. Ich habe nie verheimlicht, was ich getan habe, alle wußten es, nur für die deutsche Öffentlichkeit mag es eine Sensation gewesen sein. Ich war nicht einer wie Günter Grass, der verschwieg, daß er in der Waffen-SS gewesen ist. Jeder wußte, daß ich Mitglied des kommunistischen Geheimdienstes und der Partei gewesen bin.

RACK: Sie sind 1968 aus Polen emigriert und nach Tel Aviv gegangen. Wie kam es zu der Entscheidung? Und weshalb sind Sie nicht dort geblieben, Sie bekamen immerhin eine Professur?

BAUMAN: Als wir Polen verließen – meine Frau und ich waren arbeitslos, wir hatten drei Töchter zu ernähren –, dachte ich, was jeder halbwegs intelligente Mensch dachte: daß die Teilung Europas zwischen Kommunismus und Demokratie dauerhaft sein würde. Niemand rechnete mit einem Zusammenbruch des kommunistischen Systems. Wie auch immer, wir verließen Polen mit Hilfe eines israelischen Visums. Die Mutter meiner Frau lebte in Israel, daher gab es für sie den natürlichen Wunsch, nach Israel zu gehen. Aber seltsam, wir kamen von einem Nationalismus in den anderen. Wäre ich in Israel geblieben, hätte ich ein israelischer Nationalist werden müssen. Das war mir zuwider. Der Nationalismus in Polen war nicht falsch, weil er polnisch war, sondern weil es Nationalismus war. Zunächst hatte ich eine Einladung, nach Australien zu gehen, aber meine Frau wollte nicht, das war ihr zu weit von Europa weg. Das nächste Angebot kam aus Leeds, und das nahm ich dann einfach an.

RACK: Man könnte meinen, daß es in Israel für Sie so etwas wie eine Wiederbegegnung mit der jüdischen Kultur gegeben hätte, schließlich hatten die Deutschen alles Jüdische in Polen vernichtet. Vielleicht hätten Sie sich in Israel wohl gefühlt?

BAUMAN: Dafür war ich wahrscheinlich nicht genug Jude. Ich bin als Pole erzogen worden und lebte in der polnischen Kultur, ich hatte keine jüdische Kindheit. Deshalb mußte ich auch nicht zu ihr zurückkehren, als ich aus Polen vertrieben wurde. Um in Israel zu bleiben und gegen den jüdischen Nationalis-

mus zu kämpfen, hätte ich mich wohl mehr als ich konnte mit dem Judentum identifizieren müssen.
RACK: Sie sind 1971 nach Leeds gegangen, in eine Industriestadt. Es gab hier eine bedeutende Tuchindustrie, eine starke industrielle Struktur. Aber die Stadt hat sich in den letzten Jahrzehnten stark verändert. Sie sprechen von der Differenz zwischen der statischen und der liquiden Moderne, zwischen der Gesellschaft der Produzenten und der Gesellschaft der Konsumenten. Könnten Sie am Beispiel von Leeds diese Veränderung nachzeichnen?
BAUMAN: Wir kamen hier vor ungefähr vierzig Jahren an, am Ende der industriellen Revolution. Leeds hat sich seitdem bis zur Unerkennbarkeit verändert. Es ist eine aufstrebende, vibrierende Stadt mit einem reichen kulturellen Leben. Nur eines verstehe ich nicht: Wie kommt die Stadt zu ihrem Reichtum, obwohl kaum etwas produziert wird? Es gibt hauptsächlich Banken, Geschäfte und Versicherungen hier. Von der einstigen Industrie ist kaum etwas übriggeblieben. Das ist ungewöhnlich, denn Leeds gehörte einmal zum Herzstück des industriellen England. Es ist wirklich seltsam. Als meine Frau noch lebte, sind wir oft ins Zentrum gegangen, und jedes Mal sahen wir unerhörte Veränderungen. Leeds ist eine lebhafte, freundliche, lebenswerte Stadt. Uns hat die Atmosphäre sehr angezogen. Es gibt auch ein schönes Umland, Yorkshire, und sehr nette Menschen, wir fanden das Leben hier sehr angenehm. Außerdem bin ich nicht der Typ Mensch, der gern unterwegs ist. Hätte ich 1968 nicht die Universität verlassen müssen, wäre ich bestimmt in Warschau gestorben. Als ich nach Leeds kam, dachte ich: Hier willst du pensioniert werden. Und so ist es gekommen.
RACK: Sie sind am 19. November 2010 85 Jahre alt geworden. Wenn Sie auf Ihr Leben zurückblicken und sich vergegenwärtigen, was Sie alles erlebt haben: was war das Zentrum des Ganzen, was war der Kern?
BAUMAN: Daß ich die Erfahrung zweier totalitärer Systeme gemacht habe. Das hat mein ganzes Leben bestimmt. Darum beschäftigte ich mich mit der Bedeutung sozialer Gegebenheiten hinsichtlich der Möglichkeiten humanen Verhaltens. Das ist der gemeinsame Nenner meiner Arbeiten. Meine Biographie ist wesentlich von diesem Forschungsinteresse geprägt. Berufliches und privates Leben gehören für mich zusammen. Ich glaube nicht, daß es ein perfektes soziales Modell gibt. Ich glaube vielmehr, daß diejenigen Menschen eine Gefahr sind, die behaupten, sie könnten eine perfekte Gesellschaft aufbauen. Man kann darauf warten, daß sie grausame Dinge tun werden.
RACK: Was war Glück für Sie persönlich?
BAUMAN: Als Goethe fast so alt war wie ich, sagte er einmal: Ich hatte ein glückliches Leben, aber ich erinnere mich nicht an eine einzige glückliche

Woche. Das stimmt auch für mich. Ich kann nicht sagen, daß alles, was ich erlebte, von Glück überstrahlt war, im Gegenteil, ich habe viel Unglück erlebt. Auch habe ich wahrscheinlich mehr vollbracht, als ich die Begabung hatte zu vollbringen. Ich hatte eine wunderbare Frau an meiner Seite, 63 Jahre lebten wir zusammen, ich war nie allein. Worüber sollte ich mich beklagen? Das einzige, was mich beschämt, ist, daß andere Menschen unglücklicher dran waren als ich. Wodurch habe ich mein Maß an Glück verdient? Ich weiß es nicht. Jedenfalls könnte ich sagen: Wenn ich mein Leben noch einmal leben dürfte, ich würde es auf die gleiche Weise tun.

Aus dem Englischen von Jochen Rack

WOLFGANG BRAUNGART

SUBJEKT EUROPA, EUROPAS SUBJEKT

Novalis' katholische Provokation »Die Christenheit oder Europa«

Für Vittorio Hösle

Kunstwerke, wenn sie etwas taugen, tragen immer eine historische Signatur; und sie sind immer auch gegenwärtig. Novalis' Europa-Rede wurde von der Geschichte besonders nachdrücklich signiert. Sie griff vehement in den entstehenden Europa-Diskurs ein. Für diesen ist sie auch oft in Anspruch genommen worden, nicht selten in fragwürdiger Weise. Ich will versuchen, diese Rede als geschichtlichen und zugleich gegenwärtigen Text zu verstehen. Manchen wird mein Interesse, das aus unserer Gegenwart kommt, unbehaglich stimmen. Aber Debatten darüber, was Europa sein könnte, sind heute nötiger denn je. Novalis' Europa-Rede hat dazu viel zu sagen.

Der Katholizismus hat sich in den westlichen Ländern derzeit so gründlich diskreditiert, daß es verwegen scheinen mag, ihn in die intellektuelle Diskussion zurückzuholen – und sei es nur durch die Erinnerung an einen literarischen Text, der selbst fragwürdig ist. Dies aber im besten Sinne. Viel ist über diese emphatische Rede gesagt worden; Verwunderung, ja Irritation ruft sie bis heute hervor. Sie lediglich als frühes und überraschendes Dokument einer restaurativ, ja reaktionär werdenden Bewegung zu verstehen, ist die billigste Weise, mit ihr fertig zu werden: mit einer Romantik, die sich selbst aufzugeben beginne, indem sie sich für das Katholisieren begeistere.

Das Gegenteil ist richtig. Novalis spricht von Europa als einem »christlichen Land«, einem »menschlich gestalteten Welttheil«, den »ein großes gemeinschaftliches Interesse verband«. Erst das Christliche, dann das Katholische. Das eine gibt es hier nicht ohne das andere. Novalis propagiert keinen leeren religiösen Ästhetizismus. Was begründet aber dieses Christliche und sein »gemeinschaftliches Interesse«? Ein Sinn für Religion. Das heißt hier auch und vor allem: für das Schöne, die Poesie, die Kunst. Und damit begründet es einen emphatischen Subjektbegriff, der aus der jüdisch-christlichen Tradition kommt und im 18. Jahrhundert insofern säkularisiert wird, als er sich jetzt wirklich etabliert, auch im politischen Diskurs. Seinen eigentlichen Ausdruck findet er in der Bildung.

Mehr noch: Die Rede entwirft Europa selbst als großes, sich fortwährend bildendes Subjekt in der »harmonischen Entwicklung aller Anlagen«. Man kann auch sagen: Novalis versteht Europa als kulturell-politischen Raum mit spezifischer Identität, die sich, wie es eine gelingende Identitätsbildung kennzeichnet, fortwährend neu finden muß und doch stets weiß, was sie ist und woher sie kommt. So entwickelt und entfaltet sie sich. Das ist Bildung: selbstbewußte Identitätsarbeit. Geboten ist sie mehr denn je, sowohl für das Subjekt Europa wie für Europas Subjekt. Wie schwer solche Identitätsarbeit sein, wie sehr sie mißlingen kann, davon weiß die Gattung des Bildungsromans seit Moritz, Wieland und Goethe. Mit dem, was Bildung heute dem öffentlichen Diskurs ist: verfügbares, ökonomisch nutzbares Wissen und umfassende Kompetenz für einen sich ständig verändernden Arbeitsmarkt, hat dies nicht viel zu tun. Bilden im emphatischen Sinne können sich nur Subjekte, nicht Funktionsträger.

Das Subjekt und Europa: Wie oft hat man beide schon für tot erklärt oder wenigstens für historisch längst überständig. So oft, daß man meinen möchte, dies zu tun sei der intellektuelle Lieblingssport der Moderne. Wer das aber sein soll, der sich zu solcher Prophetie berufen fühlt, und von wo aus sie geschieht, wird man schon fragen dürfen. Ein Subjekt kann es wohl nicht gut sein. – Performative Selbstwidersprüche dieser Art sind keine Kleinigkeit. Die Subjektivität, dieses grundlegende Konzept des westlichen Denkens, scheint so alt geworden zu sein wie der kulturell-politische Raum, der es hervorgebracht hat: Europa, verschluckt von der Macht anonymer Diskurse. Aber die jüngste Geschichte hat auch diejenigen abgestraft, die noch vor wenigen Jahren meinten, über dieses vermeintlich alte, alt gewordene Europa Hohn und Spott ausschütten zu dürfen.

Novalis' prekäre Rede ist überhaupt nicht alt geworden. Denn eines muß man sich von diesem so fernen, so fremd anmutenden Text sagen lassen: Ein poetischer, ästhetischer Katholizismus, wie ihn Novalis denkt, läßt sich mit institutioneller Selbstherrlichkeit oder einem religiös motivierten Nationalismus, der sich gegen die Idee Europa richtet, nie und nimmer vereinbaren. Die Nationen müssen vielmehr »ihre(s) fürchterlichen Wahnsinn(s) gewahr werden, der sie im Kreise herumtreibt«. Für Novalis bedeuten Christentum und Katholizismus eine europäische Verpflichtung in den globalen Auseinandersetzungen der Staaten und Kontinente, auch eine Verpflichtung Europas sich selbst gegenüber, aus diesem seinem ›schönen‹ Erbe heraus. Nur in »irreligiöser Weise« ließe sich der Katholizismus in »Staats-Gränzen« einschließen. Er ist auch nicht die »seelenvolle Polarität der (modernen) Seelenlosigkeit«, kein »hygienisches Institut für die Leiden des Konkurrenzkampfes, ein Sonntagsausflug oder Sommeraufenthalt des Großstädters«, wie Carl Schmitt gegen die Romantik polemisierte. Das katholische Europa ist gleichsam das transzendentale Subjekt, auf das hin sich die einzelnen Nationen selbst entwerfen können. Das gilt auch für Deutschland, das einen so »langsamen aber sichern Gang« geht, wenngleich, wie Novalis glaubt, nicht unbedingt »vor den übrigen europäischen Ländern voraus«. Die nationalistische Option wird hier lediglich angedeutet, aber nicht ernsthaft verfolgt.

Katholizismus hat bei Novalis auch nichts mit kirchlich verfaßter, institutioneller Religion zu tun. Er wird vielmehr wirklich katholisch aufgefaßt, das heißt universal und insofern politisch. Er soll das sein und sich dessen annehmen, was alle angeht und was im Interesse aller zu beachten ist. Die Rede verbindet das Politische, das Christliche und das Katholische. Sie verbindet die Idee eines jüdisch-christlichen Subjekts mit der Idee einer europäischen Einheit, eines inneren Zusammenhangs, der die nationalen Egoismen bändigt und sich dennoch als erfahrbare, sichtbare Ordnung darstellt, und mit der griechischen Idee der Polis, der gemeinsamen öffentlichen Sache, ihrer »Entdeckung der Freiheit« (Christian Meier): also Jerusalem, Rom und Athen. Es kann kein Einwand gegen die bis heute bestehenden Herausforderungen sein, daß solche Idealisierungen mit der geschichtlichen Wirklichkeit von Jerusalem, Rom und Athen wenig zu tun haben. Katholizismus ist eine Metapher dafür, wie diese Erbschaften in »ächter Freiheit« zusammenkommen können.

Novalis formuliert ein utopisches Projekt. Er will etwas wirklich Neues sagen. Mit Lust an der Provokation folgt er dem sich etablierenden Überbietungsprinzip der ästhetischen Moderne. Seinen Versuch, aus dem ein tiefes europäisches Krisenbewußtsein spricht, hat er auf dem berühmten Jenaer Romantikertreffen im November 1799 im Hause der Brüder Schlegel unter dem Titel »Europa« vorgetragen. Der heutige Titel »Die Christenheit oder Europa«, der eine bestimmte Konfession und einen bestimmten politisch-kulturellen Raum aufeinander bezieht, stammt nicht von Novalis. Aber er zeigt ganz richtig, wie politisch dieser Text ist, und zwar gerade als ein ästhetischer und religiöser. Politik allein kann für Novalis kein friedliches Europa und kein europäisches Gemeinschaftsbewußtsein begründen; sie kann es bis heute nicht.

Novalis verstand den Text tatsächlich als Rede, in Anspielung auf Schleiermachers gerade erschienene »Reden über Religion«. Gedruckt wurde er erst 1826, weil Goethe, den man um sein Urteil gebeten hatte, einer Veröffentlichung im »Athenäum« nicht zustimmen wollte. Er hatte heftige Aversionen gegen die allzu jugendbewegte romantische Keckheit.

Das alles ist längst bekannt. Daß der Versuch dennoch im »Athenäum« erschien, ist entscheidend. Denn dorthin gehörte er: in dieses publizistische

Labor philosophisch-ästhetischen, experimentellen Denkens. Das sieht man auch daran, daß Tieck 1837 von einem »unnützen« Aufsatz spricht, obwohl er ihn ein Jahrzehnt zuvor in seiner Novalis-Ausgabe noch selbst publiziert hatte. Für die späte, längst national verengte Romantik ist er das gewiß: unnütz. Sie kann ihn nicht mehr verstehen. Er ist so pointiert und forciert, daß er zum Widerspruch herausfordert. Schelling reagiert mit groben Knittelversen in altdeutscher Manier. Damit ironisiert er nicht nur das hymnische Pathos der Rede, sondern relativiert auch die eigene Polemik. Das »Epikurisch Glaubensbekenntniß Heinz Widerporstens« ist eine satirische Inszenierung. Schellings eigene Position glich zu keiner Zeit dem vergleichsweise primitiven Empirismus seines widerporstigen Heinz. Novalis hätte seinen Vortrag gerne zusammen mit Schellings Polemik veröffentlicht. Das hätte einen schönen Kontrast ergeben zu den rhetorischen Fragen, den Ausrufen, dem heftigen Überschwang, dem extremen Wechsel der Gefühle – zu all dem, was die Rhetorik der Europa-Rede ausmacht. Man muß schon ein großer Ironiker sein, um diesen Kontrast zu wollen, nicht nur ein großer Emphatiker.

Man darf die hymnisch-pathetische Rhetorik des Textes also nicht einfach für bare Münze nehmen, sondern muß den frühromantischen Kontext im Blick behalten. Vielfach spielt Novalis auf ihn an; sehr deutlich etwa auf Fichtes Ich- und Bewußtseins-Philosophie, mit der er sich schon länger auseinandersetzte. Das Verhältnis der Nationalstaaten zu Europa erinnert stark an das Verhältnis von empirischem und transzendentalem Subjekt bei Fichte. Jede Zeile verrät, daß Novalis weiß, wie schwer die Aufgabe ist, die er hier formuliert. Die Rede war für das Hören bestimmt; sie bedient sich der Rhetorik der Mündlichkeit und sollte sofort in die intellektuelle Geselligkeit hineinwirken. Sie ist »progressive Universalpoesie« im Vollzug. Genauso konzipiert sie den »Progreß« Europas, das »immer nur im Werden« ist in seinem großen dialektisch-triadischen Gang. Friedrich Schlegel nimmt diese Idee wenig später auf.

Mit seinen zwischen den Gattungen hin und her springenden, sie mischenden Schreib- und Denkweisen wirbt der Text um Aufmerksamkeit in einer Situation hohen sozialen und intellektuellen Drucks. Man muß sich nur vor Augen führen, wer da seinerzeit zusammenkam: die Feuerköpfe des deutschen Geistes; allesamt protestantisch. Die Rede vergegenwärtigt förmlich diese spezifisch romantische, außerordentlich dynamische intellektuelle Geselligkeit, die in der deutschen Literatur- und Geistesgeschichte einzigartig ist. Daher muß sie in den kleinsten Schritten ihrer kommunikativen Bewegung rekonstruiert werden. Dieter Henrich und Manfred Frank haben das gezeigt. Novalis verwendet die Metapher der »Gährung«. Man darf sie auf die frühromantische Konstellation selbst anwenden.

Diese intellektuelle Geselligkeit liebt das Geistreiche im Modus des Witzigen, Schwierigen, Ironischen, Steilen, Provozierenden, oft auch – bei Novalis – Dunklen, das intellektuell und sozial interessant macht. In seinem berühmten »logologischen« Fragment »Die Welt muß romantisirt werden ...« fordert Novalis, »dem Gemeinen einen hohen Sinn, dem Gewöhnlichen ein geheimnisvolles Ansehn, dem Bekannten die Würde des Unbekannten« zu geben. Das wäre »eine Operation für das Höhere, Unbekannte, Mystische, Unendliche«. Über die romantische Poetik sagt er: »Die Kunst, auf eine *angenehme* Art zu *befremden*, einen Gegenstand fremd zu machen und doch bekannt und anziehend, das ist die romantische Poetik.« (Meine Hervorhebungen) Er fordert damit keineswegs das Recht auf einen hemmungslos subjektivistischen Irrationalismus, wie man ihn besonders der Frühromantik gerne vorwirft. Vielmehr weiß er, was für das Soziale nötig ist, wenn es nicht in philiströser Selbstgenügsamkeit erstarren soll: Geselligkeit »auf eine angenehme Art«, geistige Spannung und »Sinn des Unsichtbaren«, »Sinn für das Eigenthümliche, Personelle, Unbekannte, zu *Offenbarende*, das Nothwendigzufällige«. Also Sinn für das Inkommensurable. Denn die moderne Zerstörung des ästhetischen und religiösen Geheimnisses ist töricht und frivol. Mörike hat in seiner Vers-Epistel »An Longus« (1841) den banalen Philister wunderbar vorgeführt; Novalis kritisiert ihn in den Blüthenstaub-Fragmenten scharf. Den Philistern ist ihre Religion »im Alltagsleben« nur leere Gewohnheit, »wie ein Opiat«: »Sie können's nicht mehr lassen.« Das Katholische ist unter den protestantischen Intellektuellen um 1800 das Geheimnisvolle, Fremde und Faszinierende. Wie sehr sich Novalis dieses ästhetisch-inszenatorischen und geheimnisvollen Charakters seiner Rede bewußt ist, zeigt schon ihr Beginn: Sie hebt an wie ein Märchen, eine wunderbare Fiktion, eine poetische Imagination. Und das entwertet sie keineswegs. Im Gegenteil.

Auf andere Weise verfolgen auch Friedrich Schlegels Athenäumsfragmente eine gesellige Ästhetik sozialer und intellektueller Positionierung: nämlich durch und durch ironisch. Ironie wie (Kunst-)Religion stellen zwei grundlegende, sich wechselseitig hochschaukelnde und ausbalancierende Diskursformen romantischer Geselligkeit dar. Nur wer nicht wirklich prozeßhaft und gesellig zu denken vermag, kann beide als zersetzend ansehen. In ihren Forcierungen und Idealisierungen ist die Europa-Rede beides, ironisch und (kunst-)religiös. Ja, ihre grundsätzliche Reflexivität kann im frühromantischen Kontext selbst als ironisch gelten. Schlegel wie Novalis geht es im geselligen Vollzug des Denkens um die progressive, symphilosophische und sympoetische Erörterung grundlegender politisch-gesellschaftlicher, subjekttheoretischer und ästhetischer bzw. poetischer Fragen. Das ist ja eine der großen Entdeckungen

der Aufklärung: die in jeder Hinsicht unhintergehbare Bedeutung der Geselligkeit in ihren verschiedenen Ausdrucksformen, Medien und Prozessen.
Also steht bei Novalis die entscheidende Frage der in den letzten Jahrzehnten des 18. Jahrhunderts anbrechenden Moderne zur Debatte: Wie könnte sich gelingende Vergesellschaftung, wie wirkliches Gemeinschaftsbewußtsein denken und begründen lassen? Das Ironie-Konzept, besonders Friedrich Schlegels, gibt darauf eine Antwort, deren Modernität auch eine Sozialethik impliziert: Wir müssen alles selbst leisten in »urbaner Ironie«, das heißt in einem Modus uns selbst ständig relativierender, sozial ausbalancierender und selbstreflexiver Kommunikation. Urbane Ironie muß unsere fortwährende geistige Gymnastik sein (438. Fragment). Diesem aus intellektueller Geselligkeit heraus begründeten Kommunikationsbegriff stellt Novalis (und mit ihm Hölderlin) einen sakramental aufgeladenen zur Seite, dessen größte »sichtbare«, erfahrbare, heilige Symbole – und nicht nur Medien – »Brod und Wein« und »Wort und Gesang« sind. Und beide meinen eigentlich dasselbe.
Lessing ist hier, neben Herder und Goethe, der wichtigste literaturgeschichtliche Ahnherr. Nicht primär wegen seiner Toleranz und Menschenliebe, zu deren wohlmeinendem Prediger man ihn noch heute gerne macht. Sondern weil er die Bedeutung wirklicher Kommunikation für eine gelingende Geselligkeit durchspielt – samt all ihrer Finessen und Fallstricke (am deutlichsten in der »Minna« und im »Nathan«; wie, wenig später, auch Goethe in der »Iphigenie«). Kommunikation in diesem Sinne ist alles andere als das von Botho Strauß so gehaßte Geschwätz, Gerede, Geräusch des gesellschaftlichen Betriebs. Sie sucht vielmehr die communio. Wer alles auf kommunikative Selbstsorge setzt, braucht einen starken Subjekt-Begriff, wie Minna, Nathan und Iphigenie ihn verkörpern. Denn von wo aus sollte gesellige Kommunikation sonst möglich sein? Fehlte ein solcher Subjekt-Begriff, liefe es nur darauf hinaus, daß der rhetorisch Fitteste sich durchsetzt. Oder daß blanker Dezisionismus herrscht. Gerade dieses »ewige Gespräch«, das die Aufklärung begründet und die Romantik fortführt, war Carl Schmitt ein Dorn im Auge. In Wahrheit ist es eine große friedenstiftende kulturelle Leistung.
Mir geht es hier also um mehr als nur um eine soziale und intellektuelle Verortung der Europa-Rede. Die Rekonstruktion einer Genese sagt nichts über ihre Geltung oder ihre Berechtigung. Bedingung für eine katholische, politische, alle betreffende und das Ganze verhandelnde Kommunikation, wie sie Novalis vorschwebt, sind Tugenden, die seit John Locke diskutiert werden: »Achtung und Zutrauen«, wie Novalis sie nennt, »jenes himmlische Zutrauen der Menschen zueinander«. Vertrauen könnte man auch sagen, und schon ist man bei einem Problem, das die Literatur der Aufklärung und der Klassik in

den Blick zu nehmen beginnt. In der »Iphigenie« ist ständig vom Vertrauen zwischen dem König und seiner Priesterin die Rede.
Novalis denkt bildungspolitisch, wenn er sagt: »Alles Einzelne für sich hat *ein eigenes Maß* von Fähigkeit, nur die Capazität des Geschlechts ist unermeßlich. *Alle* Pläne müssen fehlschlagen, die nicht auf *alle Anlagen* des Geschlechts *vollständig* angelegte Pläne sind.« (Meine Hervorhebungen) Das »eigene Maß« ist eine Grenze, aber auch eine unhintergehbare Bedingung für diesen umfassenden Bildungsprozeß. Zur Universalpoesie tritt Universalpolitik. Das Politische, das Katholische ist also auch das anthropologisch Angemessene, auf das hin sich das »eigene Maß« im universalen, eben: katholischen Bildungsprozeß aller entfalten muß.
Was könnte dieses Katholische nun genauer sein? Nur bei sehr oberflächlicher Betrachtung kann man die beschwörende Erinnerung einer idealen, harmonischen mittelalterlichen Katholizität als vormodern, restaurativ oder gar reaktionär verstehen. Das ist allenfalls die herausfordernde rhetorische Geste. Novalis will nichts behaupten, was historisch zutreffend wäre. Wiederholt ist darauf hingewiesen worden, wie stark Lessings knapp zwanzig Jahre zuvor entstandene »Erziehung des Menschengeschlechts« (1780) hier nachhallt. Mit Lessings Schrift, in der Jesus Christus nicht mehr soteriologische Notwendigkeit, sondern pädagogischer Katalysator ist, der hilft, daß diese Erziehung schneller verläuft, verbindet Novalis ein geschichtsphilosophischer Optimismus: »Was jetzt nicht die Vollendung erreicht, wird sie bei einem künftigen Versuch erreichen, oder bei einem abermaligen; vergänglich ist nichts was die Geschichte ergriff, aus unzähligen Verwandlungen geht es in immer reicheren Gestalten erneuet wieder hervor.« – Ist das vormodern? Restaurativ?
Die Geschichte, auch die der Religion, verläuft nicht grundsätzlich diskontinuierlich; sie bewegt sich in dialektischen Entgegensetzungen. Religion ist bei Novalis modern, weil sie, wie bei Schleiermacher, vom Subjekt her entwickelt wird: nämlich als poietischer Prozeß, als hervorbringende Kunst des Sich-immer-neu-auf-die-Zukunft-hin-Entwerfens. Diese Religion und diese Kunst aber sind konstitutiv vieldeutig; ihre Deutung verlangt die soziale, gesellige Kompetenz der Gutmütigkeit (Hölderlin). Was aber soll dann das Katholische? Auch das moderne Subjekt braucht die ästhetische und soziale Erfahrung des Verbindlichen, das begründete Gefühl der Zugehörigkeit. In der sinnvollen Ordnung des religiösen Rituals, das seine eigene Ästhetik besitzt, kann es sie finden. Seine Faszinationskraft ist bis heute ungebrochen. Wer versucht, das zu negieren, ahnt nicht, was er riskiert. Es ist wie beim Mythos. »Wo keine Götter sind, walten Gespenster.« Bei allem religiös-ästhetischen Pathos ist die Rede nie indiskret; sie schweigt von dem, worüber sie nicht reden kann:

vom innersten subjektiven Erleben. Davon zu reden wäre auch ganz und gar ungesellig. Wackenroders und Tiecks nur wenige Jahre zuvor entstandene »Herzensergießungen eines kunstliebenden Klosterbruders« bewegen sich an dieser Grenze zum Verstummen.

Schon am mittelalterlichen Katholizismus rühmt Novalis ein Papsttum, das nicht die Macht will, sondern Verständigung, das »Versöhnung« und »Liebe« fördert, mit dem mythischen Zentrum der »heiligen wunderschönen Frau«. Katholische Religionskunst ist »schön«, »herrlich« und nur als solche »lebendig wirksam«. Sie depotenziert nicht das Religiöse, sondern stärkt es. Schönheit, mehr noch: Herrlichkeit, Freundlichkeit und Versöhnlichkeit sind tatsächlich Hauptattribute des alt- und erst recht des neutestamentlichen Gottes. Die unerträglichen ästhetisch-religiösen Wurstigkeiten, Trivialitäten und Torheiten, die sich institutionelle Religiosität heute landauf, landab leistet und die etwa Martin Mosebach scharf kritisiert, und lange vor ihm schon Alfred Lorenzer, sind also alles andere als marginal.

Die Gegenthese zum ästhetischen Katholizismus des Mittelalters bilden Luther und die Reformation. Diese war zwar »für ganz Europa bedeutend«, ist aber nicht zufällig »im wahrhaft freien Deutschland öffentlich ausgebrochen«. So kritisch diese »Insurgenten« in der Rede kommentiert werden, so notwendig sind sie, damit Europa zu sich selbst kommen kann. »Unendliche Trägheit lag schwer auf der sicher gewordenen Zunft der Geistlichkeit.« Der mittelalterliche Katholizismus war ›positiv‹ geworden; nur die »Maaßregeln hielten den Leichnam der Verfassung noch zusammen«: »Was war natürlicher, als daß endlich ein feuerfangender Kopf öffentlichen Aufstand gegen den despotischen Buchstaben der ehemaligen Verfassung predigte«. Freilich stellt die Reformation eine neue Vereinseitigung dar, wenn sie Luther in den »Rang eines Evangelisten« erhebt. Sie muß deshalb selbst überwunden werden. Mit der reformatorischen »Allgemeingültigkeit der Bibel« macht sich nämlich der »auszehrende Einfluß« einer »höchst fremden irdischen Wissenschaft in den Religionsangelegenheiten« breit: der Philologie, die vielleicht ihre eigenen Rituale kennt, aber keine ästhetischen und somit gemeinschaftsbildenden. Darum leidet mit der »Vertrocknung des heiligen Sinns« auch »der Kunstsinn (...) sympathetisch«. Ähnlich dialektisch sieht Novalis die Gegenreformation des »furchtbaren Ordens« der Jesuiten.

Der dialektische Kampf ist also das Grundprinzip des geschichtlichen Bildungsprozesses: »Wahrhafte Anarchie ist das Zeugungselement der Religion. Aus der Vernichtung alles Positiven hebt sie ihr glorreiches Haupt als neue Weltstifterin empor.« Wie sehr Novalis die Bildung des ganzen Menschen beschäftigt, ließe sich leicht weiter belegen. Der um 1800 entstehende Bildungsbegriff wird in der Europa-Rede ständig umkreist, seine Semantik wird Wilhelm von Humboldt später aufgreifen. Und auch der »Wilhelm Meister« war längst erschienen und von den jungen Romantikern als epochales Ereignis begrüßt worden. Für Novalis war der progressive Bildungsprozeß Europas ein ästhetischer, zur Freiheit führender. Das Freiheitspathos, das die Rede durchzieht, ist nur im Blick auf das Subjekt gerechtfertigt. Die Kunst aber ist im philosophischen Diskurs der Zeit das große Symbol, die große Praxis und das große Medium menschlicher Freiheit (Moritz, Schiller). Kunst kommt nur dort ganz zu sich selbst, wo sie aus eigenem Recht Geltung beanspruchen darf, nicht aufgrund von Nützlichkeiten und Funktionen. Gerade in ihrer Autonomie wird sie ethisch aufgeladen. Als ästhetischer Prozeß ist der Progreß Europas für Novalis also selbst ein Weg der Freiheit in eine Freiheit, in der Europa zu sich selbst kommt: ein Prozeß ästhetischer Bildung und Erziehung.

Dreißig Jahre später verwirft Büchner in »Dantons Tod« diese ästhetische Utopie. Die Revolutionäre scheitern, weil sie die Revolution nur als ästhetisches Spiel in verbaler Kraftmeierei spielen wollen und nicht als Politik mit eigenen Regeln und eigenen Gesetzen auffassen. Implizit fordert das Drama die Anerkennung moderner Differenzierungsprozesse (und Büchner selbst hält sich daran). Das bedeutet auch die Anerkennung der Eigenlogik und des Eigenrechts der sozialen und kulturellen Teilsysteme: Politik ist das eine, Kunst das andere. Im Symbolismus kann sie dann, von dieser Voraussetzung her, wieder ein ganz anderes werden. Büchner gibt Schiller damit eine deutliche Antwort, dessen »Ästhetische Erziehung« auch bei Novalis unverkennbar Pate gestanden hat. Durch diese Verschränkung von politisch-religiösem Prozeß, Bildung des Subjekts und Ästhetik betreibt Novalis gerade keine Ästhetisierung der Politik. Sein Subjektbegriff impliziert vielmehr eine Ethisierung des Ästhetischen, insofern er auf der freien Selbst-Bildung Europas besteht.

Warum kann dann aber, wie Novalis zu Beginn der Rede sagt, doch nur die Religion »Europa wieder aufwecken und die Völker sichern und die Christenheit mit neuer Herrlichkeit *sichtbar* auf Erden in ihr altes friedensstiftendes Amt installieren«? Warum genügt nicht die Kunst? Das ist die eigentliche Frage. Eben weil es eine zugleich ästhetisch-rituelle und eine moderne Religion des Subjekts in seiner Freiheit sein muß, die ihren höchsten Ausdruck in der Kunst findet, in der sie sich bildet. Sie darf keine bloße Kompensationsagentur sein. Denn »im Anfang« waren »Dichter und Priester (...) Eins, und nur spätere Zeiten haben sie getrennt. Der ächte Dichter ist aber immer Priester, so wie der ächte Priester immer Dichter geblieben. Und sollte nicht die Zukunft den alten Zustand der Dinge wieder herbeyführen?« Der Dichter ist Priester, weil er das tut, was wirklich gebraucht wird.

Genauso ist die Entwicklung Europas als Ganzes zu begreifen: als ein Bildungsprozeß zur »ächten Freiheit«. Das ist das »Wesen« der neuen Kirche, die eine aisthetische, den Sinnen zugängliche, »sichtbare Kirche« sein muß. So werden beide zusammengeführt: das Subjektive und das Gemeinschaftliche, Rituelle, Erfahrbare, das Subjekt Übersteigende und es doch ästhetisch Beheimatende. Hier kann sich das Subjekt in der Kunst der Zustimmung üben, die in der Moderne so schwer, wenn nicht unmöglich zu sein scheint. Novalis sagt das auch, und zwar gegen eine moderne Überbetonung des Subjektiven, im Topos von der unsichtbaren Kirche, der spirituellen Gemeinschaft aller Gläubigen. Kant bezieht sich in seiner Religionsschrift darauf. Heute weiß jedes Kind, daß eine gelingende politische Kultur auch, aber nicht nur auf Sichtbarkeit setzen muß. Und diese muß wiederum wirklich auf etwas gründen. Politisch ist das in unseren Tagen ein großes Handicap: daß Europa vor allem als riesiger, anonym agierender, undurchschaubarer Verwaltungsapparat gesehen wird. Die gemeinsame, öffentliche Sache muß aber auch zur Anschauung kommen; sie braucht eine gemeinsame, öffentliche Repräsentation. Wenn man jedoch nicht sagen kann, was Europa ist, bleibt seine ganze Sichtbarkeit bloßer politischer Ästhetizismus.

Der Versuch, Religion und Subjekt- bzw. Kunst-Autonomie miteinander zu verbinden, dem einst so große Hoffnungen galten, scheiterte in der zweiten Phase der Romantik, als aus katholischer Religiosität das sich in Anti-Modernismus-Kämpfe verstrickende katholische Milieu wurde. Ein selbstgenügsames soziokulturelles Milieu ist der real existierende Katholizismus bis heute weitgehend geblieben. Man muß es leider so deutlich sagen. Die Spannungen haben sich nicht in Wohlgefallen aufgelöst.

Novalis wollte sie auflösen, indem er alles, das Politische, das Religiöse, das Ästhetische von einer emphatischen Subjekt-Idee aus dachte: Europas Geschichte ist für ihn die Bildungsgeschichte eines kollektiven Subjekts. Seit den biblischen Apokalypsen sind utopisches und apokalyptisches Denken unauflösbar ineinander verschränkt. Das falsche Alte muß »aufhören«, damit das Neue beginnen kann. Novalis' Rede ist ein aufklärungs- und kulturkritischer Text, so sehr er auch der Aufklärung verpflichtet ist. Der Autor gibt eine kulturkritische Bestandsaufnahme der deutschen Zustände seiner Zeit. »Zeichen der Schädlichkeit der Kultur« sind der Verlust des »Sinns für das Unsichtbare«, die Absicht, »das Dichten und Trachten den Mitteln des Wohlbefindens allein zuzuwenden« und »Platz« nur noch »den derbern Früchten, Wissen und Haben« einzuräumen. Um 1800 konnte niemand mehr übersehen, daß das Heilige Römische Reich deutscher Nation am Ende war. Die Anspielungen der Rede auf die eigene Gegenwart sind wichtig, denn sie wurde auf eine bestimmte geschichtliche Situation hin konzipiert. Kulturkritik ist überhaupt ein grundlegender Modus kultureller Selbstreflexion der Moderne. Sie beginnt genau in jenen Jahrzehnten des 18. Jahrhunderts, bei Rousseau, Schiller, Hölderlin, den Frühromantikern. Auch der neu auflebende Europa-Diskurs nach 1945, in dem auch Novalis wieder zur Kenntnis genommen wird (kritisch etwa bei Walter Dirks), verbindet massive Kulturkritik mit Visionen.

Novalis' Rede ist schon oft in die Geschichte der literarischen Utopie und des utopischen Denkens eingeordnet worden. Seit es philosophische Reflexion gibt, gibt es auch die Frage nach dem guten, richtigen, sinnvollen Leben, nach seiner Verfaßtheit und seinem institutionellen, politischen Rahmen. Die allegorischen Raum-Utopien der Frühen Neuzeit beantworten diese Frage, indem sie durchstrukturierte Systeme mit entsprechenden Institutionen entwerfen. Wird das richtige Leben nur von diesen Institutionen her und im System definiert, droht Terror. Die Anti-Utopie bzw. Dystopie der Moderne spielt dies in allen Konsequenzen durch.

Der Wandel von der statischen Raum-Utopie zur Zeit-Utopie und damit zur utopischen Erzählung bzw. zum utopischen Roman vollzieht sich im 18. Jahrhundert. Dabei gerät die allegorische Grundkonzeption der Raum-Utopien vom Subjekt her unter Druck, der Prozeß der Narrativierung wird auf dessen Perspektive umgestellt. Wenn Novalis nun wieder in einer sichtbaren, ästhetischen Religion das gesellschaftliche Integrationsmedium der anbrechenden Moderne sehen will, dann gerade als jenes sichtbare Dritte, Gemeinsame, das die transzendentale Bedingung wirklicher Subjektautonomie ist. Gerade Novalis hat die Kategorie des Selbstbewußtseins in der des Selbstgefühls gegründet: im Gefühl eines unhintergehbaren Selbstverhältnisses. Wie sehr man darüber staunen kann, daß wir überhaupt Selbst-Bewußtsein haben, ein intentionales und in irgendeiner Weise auch reflexives Selbst- und Weltverhältnis, zeigt ein Satz aus dem sogenannten »Ältesten Systemprogramm des deutschen Idealismus« (wohl 1796), das der junge Hölderlin vermutlich mit seinen Freunden Hegel und Schelling verfaßt hat: »Die erste *Idee* ist natürlich die Vorstellung *von mir selbst*, als einem absolut freien Wesen. Mit dem freien, selbstbewußten Wesen tritt zugleich eine ganze Welt – aus dem Nichts hervor – die einzig wahre und gedenkbare *Schöpfung aus dem Nichts.*« Eine ganze Welt als creatio ex nihilo und dann noch »absolut frei«: das sind schon starke Behauptungen. Die Sätze könnten meinen: Daß ich Selbstbewußtsein habe, also eine bestimmte Vorstellung von mir und meiner Welt, kann ich nicht weiter ableiten, nicht zurückführen auf irgend etwas anderes. Man kann es mir deshalb auch nicht nehmen – es sei denn, daß man mich töte. Hinsichtlich meines (Selbst-)Bewußtseins und Selbstgefühls bin ich tatsächlich absolut frei. Diese Vorstellung von mir ist meine *erste*, mich insofern begründende Idee, als ich mich selbst weiß, was immer das individuell jeweils heißen mag: natürlich ganz Unterschiedliches. (Weil wir uns auf unterschiedliche Weise selbst wissen und spüren, sind auch unsere Weltverhältnisse unterschiedliche. Weil wir viele anthropologische und kulturelle Gemeinsamkeiten haben – viel mehr, als wir in unserer Neigung zur Selbstüberschätzung gemeinhin glauben –, auch wiederum nicht.)

Von diesem Selbstbewußtsein, diesem Selbstgefühl, vom Zu-sich-selbst-Kommen des Kollektivsubjekts Europa spricht Novalis. In einem dialektisch-triadischen, in die Zukunft hin offenen Prozeß begreift es sich aus seiner Herkunft. Es ist, mit Schlegels Diktum über die romantische Universalpoesie zu sprechen, »immer nur im Werden«. Novalis bezieht sich auf diese permanent entstehende, nie fixierte Universalität, diese immer nur werdende Katholizität. Sie kann keine nationale sein, sondern muß die vielen Stimmen der Nationalcharaktere, die einander widerstrebenden »weltlichen Kräfte«, in einem dritten Element, »das weltlich und überirdisch zugleich ist«, verbinden und so in »ein Gleichgewicht« bringen. Novalis' katholisches Europa ist offensichtlich eine Variante jener »neuen Mythologie«, die damals viele beschäftigt hat. Er erinnert daran, was Europa schon mitbringt. Tragfähige Mythen und Rituale kann man nicht erschaffen; sie müssen aus dem entstehen, was ist und was man hat. Dieses Werden Europas versteht Novalis als Bildung, als freie Entfaltung vorhandener Anlagen. Deshalb das Zurückgehen auf das »ächtkatholische« Mittelalter. Der Bezug auf die Antike versteht sich um 1800 eigentlich von selbst.

Die wichtigste europäische Idee ist die jüdisch-christliche Vorstellung vom Subjekt, das jenseits aller Funktionen, Nützlichkeiten und Brauchbarkeiten zählt. Darum muß Novalis auf die christliche Tradition verweisen. Und darum betont er immer wieder Liebe und Vertrauen. Wenn man verstehen will, wie sich diese Subjekt-Idee in der jüdisch-christlichen Überlieferung konstituiert, braucht man nur die Psalmen des Alten Testamentes zu lesen: Die klagende, fordernde, bittende, verzweifelnde, preisende, dankende Anrufung Gottes läßt ein Selbst hervortreten, das sich in seinem Gegenüber-Sein erkennt und von seinem Gegenüber her bestimmt. Es ist kein Subjekt einer leeren Subjektivität. Oder man lese im Neuen Testament die Geschichte vom verlorenen Sohn: Dieser Sohn ist wirklich ein Nichtsnutz. Aber er muß zu nichts gut sein, muß nichts leisten, um wieder angenommen und aufgenommen zu werden, muß nur sein verfehltes Leben erkennen, also seine Schuld. Selbstverantwortung und Selbstbewußtsein als ethische Selbstreflexion. Sie heißt dann Gewissen und ist kein innerer

Folterknecht, sondern Ausdruck und Garant von Freiheit. Seine Einsicht ermöglicht diesem Sohn auch die freie Entscheidung, sich auf die bedingungslose Liebe des Vaters einzulassen. In der Liebe seines Vaters, der ihn nichts als lieben und ihn liebend anerkennen will, konstituiert er sich neu. Der Vater hat an seinem Sohn ein ganz und gar »interesseloses Wohlgefallen«. So sprechen Karl Philipp Moritz und Kant über die Kunst und das Schöne. Grundlage für ein solches, in seiner Tiefe kaum auszulotendes Subjekt-Konzept ist die zentrale anthropologische Aussage der Bibel, der Mensch sei imago Dei. (Goethes Iphigenie zitiert dies fast wörtlich.) Diese Subjekt-Idee wird im Denken des 18. Jahrhunderts bei Lessing, Kant, Schiller und in der Erklärung der Menschenrechte in dem Sinne säkularisiert, als ihr eine moralisch grund-legende Bedeutung zugesprochen und sie damit verweltlicht wird. In einer sich funktional mehr und mehr ausdifferenzierenden Gesellschaft und in einem sich säkular verstehenden Staat ist genau dieser Subjekt-Begriff (und dieser Kunst-Begriff) die eigentliche Provokation. Und zwar bis heute. Er ist eine Elle, mit der wir unser Handeln messen müssen. Nicht alles läßt sich ›aushandeln‹, wie man so gerne sagt. Ernst-Wolfgang Böckenfördes berühmten Satz variierend könnte man sagen: Der säkularisierte Staat von diesem Zuschnitt weiß, daß er von Voraussetzungen lebt, die er nicht selbst hervorgebracht hat, die er jedoch garantieren muß. Die Formel vom jüdisch-christlichen Erbe ist neuerdings in die Kritik geraten. So wie ich sie verstehe – als Selbst-Bewußtsein, Selbst-Reflexion, Selbst-Bestimmung, Anerkennung und Würde eines jeden Menschen, unabhängig von jeder Nützlichkeit und Brauchbarkeit –, hat sie nichts Ausschließendes und Monopolistisches. Die Religion und damit auch der Katholizismus müssen das Paradoxon aushalten, daß die religiöse Tradition der unaufgebbaren Würde des Menschen Individualisierungsprozesse begünstigt, die sich womöglich gegen die Religion selbst richten. Aus Individualisierungs- und Individualismuskritik Identität gewinnen zu wollen, wie das der Katholizismus zuweilen noch heute versucht, ist ein unsinniges und sich selbst widersprechendes Projekt.

Die andere europäische Idee ist die Idee von der Politik, also vom Ganzen, der gemeinsamen Sache, die alle angeht und im Interesse aller diskutiert, geprüft, neu errungen und irgendwann geregelt wird, aber auch schön, poetisch zur Anschauung kommen muß. Es darf nicht nur der verengte, egoistische »Standpunkt der Cabinetter« und des »gemeinen Bewußtseyns« zählen. Also: Athen, Rom und Jerusalem.

Man kann sicher darüber streiten, ob die Geschichte des europäischen Denkens auf diese Weise nicht verkürzt wird. Aber ein Mythos Europa wird so keinesfalls konstruiert. Diese beiden voneinander abhängigen Ideen – die einer vernünftigen und schönen, ästhetisch-religiös begründeten und als sinnvoll erfahrbaren Polis bzw. Politik und die eines absolut freien Subjekts – gehören zum Weltkulturerbe, das Europa »ohne Rücksicht auf Landesgränzen« in den globalen »Handelsverkehr mit geistigen und irdischen Waaren« einzubringen hat. Das hat nichts mit Europa-Zentrismus zu tun, sondern gehört zur Identität eines friedlichen Europas und ist unabdingbar, wenn dieser Kontinent in der Weltgesellschaft eine sinnvolle, nicht nur ökonomisch starke Rolle spielen will. Von wo aus soll sich der vielbeschworene Dialog der Kulturen denn sonst vollziehen? Schon der »alte katholische Glaube« habe sich durch »seine Liebe zur Kunst, seine tiefe Humanität, die Unverbrüchlichkeit seiner Ehen, seine menschenfreundliche Mittheilsamkeit« ausgezeichnet. Ein katholisches Europa muß sich also ständig fragen, ob die Maximen seines Wollens prinzipiell generalisierbar sind. Das wäre wirklich katholisch: universelle Geltung grundsätzlich immer mitzubedenken.

Gewiß muß Europa sich seine postkoloniale Sensibilität bewahren. Aber allein darüber kann es sich genausowenig definieren wie über seine »irdischen Waaren«, die es »bis in das fernste Indien hinaus« in Umlauf bringt. Ohne eine solche Subjekt-Idee, die Europa als Ganzes für sich beanspruchen darf und muß (so wie jede Kultur der Welt), kann es in keine globale Verständigung eintreten, wäre »eine universelle Individualität, eine neue Geschichte, eine neue Menschheit« nicht denkbar. Das läuft nicht auf die Utopie von einer dogmatischen Religion hinaus, schon gar nicht auf eine homogenisierte neue Kirche. Im Gegenteil. Das kommende katholische Europa wird und muß sein, was es schon immer war: Poesie. »Reizender und farbiger steht« diese dann »wie ein geschmücktes Indien dem kalten, toten Spitzbergen jenes Stubenverstandes gegenüber«, »so warm und herrlich«: Indien als Metapher für eine lebendige Religion, eine lebendige Poesie in einem lebendigen und vielfältigen Europa. Poesie ist, mit Hölderlin zu sprechen, die höhere, ja emphatischste Form des Gesprächs, ist vielstimmiger Gesang und Chor, in dem jeder seine Stimme hat. Und doch fügen sich alle Stimmen zusammen und klingen erst so wirklich schön. Ist das Europa-Kitsch? Nicht, wenn Europa ein reflektiertes Verhältnis zu sich selbst hat und weiß, welche Verpflichtung daraus folgt. Dieses Verständnis vom europäischen Subjekt und vom Subjekt Europa ist nicht exklusiv, sondern inklusiv: eben »Indien« als Metapher. Europa muß wissen, was es anderen Kulturen und Religionen verdankt. Man hört Herder, Hölderlin und Schleiermacher durch diese kryptische Wendung von der individuellen Universalität hindurch. Einheit in der Vielheit ist eine ästhetische Grundidee und ein großartiges Konzept gelingender Geselligkeit. Das »Pabstthum« kann dann wahrnehmbarer Ausdruck und Garant dieser schönen Einheit in der Vielheit sein, keineswegs jedoch oberste inquisitorische Instanz. Novalis' Katholizismus verwirft nicht die Aufklärung, sondern denkt sie weiter. Einheit in der Vielheit: Natürlich muß es eine europäische Verfassung geben und ein europäisches Grundgesetz. Aber dazu muß sich Europa selbst ernst nehmen und wissen, was es ist und sein soll. Und es muß angemessene, wahrnehmbare Repräsentationsformen finden. Europa kann nicht nur innerlich stattfinden.

Längst sind Deutschland und Europa multikulturell geworden. Ja, sie sind es im Grunde immer gewesen. Als progressiv sich bildendes, sich selbst ständig reflektierendes und entwerfendes Europa muß es auch weiterhin offen sein. Das kann es, wenn es dabei weiß und nicht vergißt, wo das eigentlich herkommt und was das ist, das da »immer nur im Werden« ist.

UMSCHAU UND KRITIK

MICHAEL KRÜGER: KLEINE VERLAGE

In diesem Jahr sind zwei Biographien von Verlegern erschienen, die im zwanzigsten Jahrhundert Literatur- und Verlagsgeschichte geschrieben haben. Beide haben sehr klein angefangen. Der eine war ein bettelarmer Jude aus der Liptau, der in den achtziger Jahren des neunzehnten Jahrhunderts nach Berlin kam und binnen weniger Jahre durch harte Arbeit und offenbar guten Geschmack die erste Adresse in der deutschen Literatur wurde: Von Gerhart Hauptmann bis zu Richard Beer-Hofmann, von Hugo von Hofmannsthal bis zu Thomas Mann, alles drängte in seinen Salon, um von ihm in seinem Verlag oder in seiner Neuen Rundschau veröffentlicht zu werden. Erst nach dem Ersten Weltkrieg verlor dieser Samuel Fischer die Deutungshoheit in der deutschen Literatur, als selbstbewußt eine neue Generation von Verlegern auftrat, die sich mit dem deutschen Expressionismus Gehör verschaffen wollte – ihre prominenten Namen waren Ernst Rowohlt und Kurt Wolff, dessen Buchreihe »Der jüngste Tag« die avancierte Literatur von Ernst Blass bis Franz Kafka präsentierte.

Heute gehört der Verlag, der immer noch stolz seinen Namen trägt, S. Fischer, zum Holtzbrinck-Konzern – unter dessen weitgespanntem Dach sich die Verlage Rowohlt, Rowohlt Berlin und Macmillan, Kiepenheuer & Witsch, Wunderlich, Farrar, Straus and Giroux, Krüger, Scherz, Galiani, Droemer und Knaur, Picador und Noonday und St. Martin's Press und alle dazugehörenden Taschenbuchverlage, um nur ein paar wenige zu nennen, versammelt haben.

Die andere Biographie beschreibt das abenteuerliche Leben des russischen Juden Jacques Schiffrin aus Baku am Schwarzen Meer, der zur Zeit der Russischen Revolution über Genf und Florenz nach Paris kam und dort – unter äußerst armseligen Bedingungen – die »Pléiade« gründete, die edle kommentierte Klassikerreihe, die er später – mit Hilfe von André Gide und mit sich als Lektor – an die Edition Gallimard verkaufte, wo sie bis heute das oft kopierte, aber nie erreichte verlegerische Glanzstück geblieben ist: Wer in der Pléiade erscheint, ist wirklich unsterblich, was man von den Mitgliedern der Académie Française nicht behaupten kann.

Nach der Besetzung Frankreichs trennte sich Gaston Gallimard von den zwei bei ihm arbeitenden Juden. Jacques Schiffrin emigrierte in letzter Minute nach New York, wo er sich dem schon erwähnten, ebenfalls emigrierten Kurt Wolff anschloß und mit ihm den Pantheon Verlag gründete. Dieser Pantheon Verlag, dem später noch der Verlag für jüdische Literatur, Schocken, eingegliedert wurde, bis heute der Verlag von Kafkas Werken in Amerika, wurde später von Random House aufgekauft, der wieder eine Zeit später vom Bertelsmann-Konzern übernommen wurde. Unter dessen Dach befinden sich heute die Verlage Heyne und Alfred Knopf, Doubleday und Irisana, Vintage und Page and Turner, Manhattan und Nan Talese und Times Books, Limes, Luchterhand, Goldmann, Manesse, die DVA, Blanvalet, Blessing, Siedler, Kösel, Mosaik, Prestel und viele, viele andere in Gott weiß wie vielen Ländern. Das ist natürlich nur die Spitze des Eisbergs. Und anders als

bei richtigen Eisbergen, die bekanntlich abschmelzen, nehmen diese Verlagseisberge an Umfang zu.
Nun werden Sie fragen, wer eigentlich nicht zu diesen Giganten gehört, und die Antwort lautet natürlich Piper, Carlsen, Malik, Ullstein, Claassen, List, Propyläen, Pendo und einige andere, weil die nämlich zum schwedischen Bonnier-Konzern gehören, zu dessen sogenanntem Portfolio auch noch größere Anteile am gesamten skandinavischen Verlagswesen gehören. Auch dieser Konzern hat übrigens eine jüdische Geschichte – 1801 kam der aus Dresden gebürtige Gutkind Hirschel nach Stockholm und machte unter seinem angenommenen Namen Bonnier eine Leihbücherei auf. Als ich – notabene – im vergangenen Winter anläßlich der Nobelpreisverleihung an Herta Müller den Portier des größten Stockholmer Hotels nach einer nahegelegenen guten Buchhandlung fragte, kam die schöne Antwort: Wenn Sie eine richtig gute Buchhandlung suchen, müssen Sie nach Göteborg fahren, aber Bücher kriegen Sie hier auch im Supermarkt.
Mit anderen Worten: Rund achtzig Prozent der in Deutschland verkauften literarischen und Sachbücher kommen aus drei ehrgeizigen Konzernen, die einerseits natürlich unterschiedliche Vorstellungen von Literatur, aber andererseits ähnliche Vorstellungen vom Gewinn haben, weshalb eben auch noch eine erotische Reihe und eine spirituelle Reihe angegliedert werden müssen, eine Reihe, wie man Rad fährt, und eine, wie man Salat wäscht, und wenn der eine Konzern mit Fantasy Geld macht, machen die anderen beiden auch Fantasy, und ehe der eine Marktführer beim Kriminalroman werden kann, bringen die beiden anderen ihrerseits ihre Krimis in Stellung – und weil eigentlich sowieso und überall auf der Welt alles Krimi ist, ist es eigentlich auch egal, welcher Verlagsname draufsteht.
Das heißt: Es geht nicht mehr um literarische Deutungshoheit, um Literatur, sondern um die Macht am Markt, und die Macht am Markt erreicht man durch teures Marketing, das nur den Konzernen zur Verfügung steht.

Nein, meine Damen und Herren, ich mache mich nicht lustig – schon gar nicht über meine Freunde in den genannten Konzern-Verlagen, von denen ja einige nicht nur in Konkurrenzdenken und Umsatzsteigerungskämpfen verstrickt sind, sondern auch der Literatur unter all dem Schrott Bedeutung zumessen. Und außerdem bin ich auch ein kleines Rädchen in diesem Betrieb, wenn auch ein altes, das bald ersetzt werden wird.
Wenn aber in diesem Literatur- und Verlagsbetrieb, der auf sein jährliches statistisches Wachstum so kindlich stolz ist, irgend etwas wirklich ausgezeichnet und laut gelobt werden muß, dann sind es die sogenannten kleinen Verlage. Sie leben unter der Wahrnehmungsschwelle der Konzerne und werden für jene nur dann interessant, wenn ihre Bücher im Feuilleton gelobt werden, weil sie dann als taschenbuchtauglich eingeschätzt werden. Gott sei Dank gibt es bei uns immer noch eine unabhängige Literaturkritik, die ihre Aufgabe ernst nimmt. Denn bei den Kleinen entdeckt man, was man bei den Großen schon so lange vermißt: die Dichtung, den gewagten Essay, die Literatur der sogenannten kleinen Sprachen, die spekulative Philosophie – kurz: alles, was Literatur auch noch kann, wenn sie gerade nicht mit Kitsch und Quatsch oder der Abfassung fast immer zu umfangreicher Romane beschäftigt ist. Da wir uns hier ja in einem deutsch-französischen Club befinden, können wir deutlich werden: Die große französische Poesie der Gegenwart – von Ponge, Michaux, Char, Bonnefoy und Jaccottet bis hin zu den Jüngsten –, es gäbe sie nicht, wenn wir uns auf die literarischen

Kenntnisse und Möglichkeiten der Konzerne verlassen müßten. Die großen strukturalistischen Denker – von Lévi-Strauss über Roland Barthes und Michel Foucault bis hin zu Jacques Lacan – sind alle in unabhängigen Verlagen erschienen, in diesem Falle in der Mehrzahl bei Suhrkamp, der mehr für den Brückenschlag und die geistige Verständigung zwischen Deutschland und Frankreich getan hat als alle anderen zusammen. Und wenn ich mir das geisteswissenschaftliche Programm des kleinen Diaphanes Verlags in Stuttgart anschaue, dann weiß ich, wie einer der nächsten Preisträger dieser löblichen Gesellschaft hier heißen sollte. Mit anderen Worten, die kleinen und die unabhängigen Verlage sind für die wahren Literaturliebhaber die einzige Rettung. Während bei den großen Konzernen der am meisten geäußerte Satz lautet: Das können wir uns leider nicht leisten, weil die Grundkosten für die zu erwartende Auflage zu hoch sind, machen die kleinen Verlage das Buch. Sie machen es irgendwie, und es ist besser, nicht genauer nachzufragen. Klaus Wagenbach, auch einer der Unabhängigen, hat das Wort von der verlegerischen Selbstausbeutung geprägt: Erst kommt die Moral, dann das Fressen.

Um einmal ein Beispiel zu nennen: die herrliche Ausgabe der Schriften des »Homers der Insekten«, Jean-Henri Fabre, bei Matthes & Seitz – wo übrigens auch das Buch von André Schiffrin über seinen Vater Jacques erschienen ist. Dieser sprachbegabte Einsiedel vom Mont Ventoux, Jean-Henri Fabre, mußte nicht wie Petrarca sechshundert Jahre vor ihm den windumtosten Berg besteigen, um unsere Vorstellungen von Natur- und Landschaftswahrnehmung zu verändern, sondern hockte am Fuße des Ventoso in einer windgeschützten Nische, um das Verhalten und die Lebensgewohnheiten der winzigen Tiere, zum Beispiel der Schlupfwespe oder der Libelle, genauestens aufzuschreiben. Er gehört in die Reihe der großen Naturforscher wie Chamisso, Humboldt und Darwin, und er gehört in jeden Bücherschrank, der ein wenig stolz darauf ist, eben nicht nur der Träger der letzten Schinken der letzten Saison zu sein. Während die Franzosen mit großem Fleiß jede Zeile – und damit auch jede Zeile über Käfer, Insekten und Schmetterlinge – von Ernst Jünger liebevoll übersetzt und kommentiert haben, war von Jean-Henri Fabre bislang fast nichts auf deutsch zu lesen – mit Ausnahme einiger Splitter unter anderem in dem winzigen Verlag Friedenauer Presse von Katja Wagenbach. Das heißt, daß mit dieser Ausgabe von Matthes & Seitz die naturforscherische Symmetrie zwischen den Ländern wiederhergestellt wird. Denn daß dank Andreas Rötzer neben all den Meisterwerken des Stumpfsinns, die normalerweise ohne Mühe die Sprachgrenze passieren, nun dieser gewaltige Naturbeschreibungskünstler deutsch zu lesen ist, läßt mein Herz höher schlagen – und ich bin gespannt, welcher Konzern sich die Taschenbuchrechte sichern wird. »Dem Menschen« – heißt es bei Georg Simmel – »ist im Großen und Ganzen nicht zu helfen. Darum hat er die wundervolle Kategorie des Trostes ausgebildet – der ihm nicht nur aus den Worten kommt, wie Menschen sie zu diesem Zwecke sprechen, sondern den er aus hunderterlei Gelegenheiten der Welt zieht« – aus Büchern wie denen von Fabre zum Beispiel.

Ein anderes Beispiel ist die große Warlam-Schalamow-Ausgabe bei Matthes & Seitz, eine Jahrhundertedition, die wenigstens in jeder Schulbibliothek stehen sollte – ob sie es in jede Buchhandlung geschafft hat, ist leider zu bezweifeln. Das hohe Risiko, dieses mehrbändige Gulag-Dokument der Schande übersetzen zu lassen, kann gar nicht hoch genug gerühmt werden. Das Argument der Großverlage lautet immer: Wir machen Kitsch, um uns die Qualität leisten zu können. Bei Matthes & Seitz leistet man sich die Qualität, weil man den Kitsch nicht machen will. Dieses unbedingte Reinheitsgebot, wie es Andreas Rötzer treu befolgt, baut auf der Arbeit von Axel Matthes und Claus Seitz auf. Mit Matthes habe ich die Bank der Berliner Berufsschule gedrückt, ich habe bei Herbig gelernt, er bei Parey, beides Verlage, die nicht gerade für ihre literarischen Leckerbissen bekannt sind. Ich ging anschließend nach London, er nach Paris, um die großen Außenseiter des französischen Denkens zu entdecken, die heute noch das Verlagsprogramm zieren: Artaud, Bataille, Blanchot, Leiris. Batailles »Theorie der Verschwendung« hätte ein Musterbuch der vergangenen Krise werden können.

In München habe ich Matthes wieder getroffen, wo er mit meinem Kollegen und Freund Claus Seitz, dem Herstellungs- und Ausstattungsleiter von Hanser, den Verlag aufbaute – immer hart an der Grenze zum Konkurs – und immer mit einem Selbstbewußtsein, daß man nur staunen konnte. Ich wünsche dem neuen Verleger, daß er etwas entspannter und mit ein bißchen mehr Geld seine Arbeit fortsetzen kann. Auf jeden Fall gilt für ihn und seinesgleichen nicht, was ich kürzlich in dem aufregenden, manchmal verrückten Buch »Realitätsfinsternis« aus dem Nachlaß von Eric Voegelin bei Matthes & Seitz gelesen habe: »Der moderne Mensch ist zum Langweiler geworden.«

Auch Rudolf Rach, der andere hier zu ehrende Verleger, ist alles andere als ein Langweiler – ich glaube, er hat nicht einmal Zeit, sich selbst zu langweilen –, und wenn er mal Zeit hat, dann schreibt er Romane, die natürlich in dem unabhängigen weissbooks Verlag erscheinen. Wer den Briefwechsel zwischen dem bedeutendsten europäischen Verleger des zwanzigsten Jahrhunderts, dem passionierten Siegfried Unseld, und seinem gleichermaßen zum Wahnsinn wie zur Verleumdung neigenden Autor Thomas Bernhard gelesen hat, der wundert sich, daß Rudolf Rach nicht Anzeigenakquisiteur oder Nachtportier geworden ist. Denn dieser Briefwechsel ist eine hohe Schule der Demütigung, und gedemütigt werden nicht nur der heroisch und bis zuletzt den Autor verehrende Verleger, sondern auch dessen Mitarbeiter, wie zum Beispiel Rudolf Rach, der damals den Suhrkamp-Theaterverlag leitete und durch seine Arbeit es dem Autor überhaupt erst ermöglichte, immer neue Grundstücke um sein Haus herum zu kaufen, um in wirklich absoluter Ruhe sein bedeutendes Werk zu schreiben. Was Bernhard über Menschen, die sich für ihn anstrengten, sagte, geht auf keine noch so große österreichische Kuhhaut – es ist aber sicher nicht richtig, daß Rudolf Rach Bernhards wegen nach Paris flüchtete. Dort ist er jedenfalls 1986 angekommen und hat sich in den Verlag L'Arche gerettet, den er nun seit fünfundzwanzig Jahren leitet. Rudolf Rach ist einer unserer diskreten Außenminister, der mehr für das Ansehen deutscher Kultur in Frankreich getan hat als die letzten offiziellen Amtsinhaber. Wenn man das Namensregister nur der von ihm in Frankreich vertretenen deutschen Autoren liest, bekommt man rote Ohren: Bärfuss, Bernhard, Dorst, Fassbinder, Frisch, Handke, Jelinek, Kroetz, Loher, Müller, Strauß, Wenders, um nur einige zu nennen, werden von Rudolf Rach an französische Bühnen vermittelt, viele von ihnen hat er in seinen Buchreihen auch gedruckt.

In der Nachkriegszeit war der Theatertransfer zwischen Deutschland und Frankreich einseitig: Auf den großen deutschen Bühnen wurden die Stücke von Giraudoux, Anouilh, Claudel, Cocteau und Sartre gespielt, später das sogenannte Theater des Absurden, Ionesco, Adamov, Beckett und Vitrac, während auf Frankreichs Theatern

kaum ein deutscher Dramatiker heimisch wurde – sieht man von Brecht ab, der wiederum auf den großen westdeutschen Bühnen in den Zeiten des Kalten Krieges Berufsverbot hatte.
Rudolf Rach hat den Spieß umgedreht und mit großer Insistenz dafür gesorgt, daß nun die große deutsche Weltkomödie in Frankreich zur Aufführung kam. Und wer auch nur eine blasse Ahnung davon hat, mit welchen geradezu verkrampft-mafiösen Machenschaften die französischen Theatergewerkschaften die Bühnen im Griff haben, kann ermessen, welche nervenaufreibende unternehmerische Leistung Rudolf Rach erbracht hat.
Aber nicht nur das – mit Rudolf Rach sitzt nicht nur ein engagierter Verleger in der Arche jenseits des Rheins, sondern auch ein Intellektueller, dem es gelungen ist, den Diskurs, der um die deutschen Stücke von Heiner Müller bis Botho Strauß entstanden ist, in Frankreich zu vertreten und fruchtbar zu machen. Während die deutschen Philosophen Frankreich lange gemieden haben, um ihre Auffassung von Aufklärung nicht zu kompromittieren, haben die deutschen Dramatiker in Rudolfs Arche furchtlos dieser Auseinandersetzung ins Auge geblickt und damit eine Aufklärung über Aufklärung in Gang gesetzt. Diese Geschichte – in der Rudolf Rach eine große Rolle spielt – muß noch geschrieben werden.

Wenn ich den Preis, der heute an meine beiden Kollegen vergeben wird, richtig verstanden habe, soll er ein Ausdruck des Dankes sein, die französisch-deutschen, europäischen Literaturbeziehungen nicht dem Kapitalmarkt zu überlassen. Diesem Dank schließe ich mich mit ganzem Herzen an.
Herzlichen Glückwunsch, félicitations!

SIEGFRIED UNSELD: REISEBERICHT 1971 – HELENE WEIGELS BEERDIGUNG

11.–13. Mai 1971

(...) Ost-Berlin

Ich erwähne zuerst die Randdinge:
Bitte an Paul Dessau, c/o Bote & Bock, West-Berlin, fünf Exemplare unserer Helene Weigel Festschrift »Helene Weigel zu ehren« schicken.
Gespräche mit Paolo Grassi und Giorgio Strehler. Die beiden Herren zogen eine Riesenshow auf. Strehler, der etwa 1955 die »Dreigroschenoper« in Mailand inszenierte (eine glänzende Inszenierung, von der Brecht ja behauptet hatte, sie dichte sein Werk weiter), hatte plötzlich als Einfall aus dem heiteren Himmel die Idee, die »Dreigroschenoper« noch einmal zu inszenieren. Ich mußte ihm aber sagen, daß wir bereits einen Vertrag mit einem Genueser Theater abgeschlossen haben. Ich bestätigte dies noch einmal nach einer Rückfrage bei Fräulein Ritzerfeld. Es war in der Tat so, daß Frau Weigel bestimmt hatte, daß jetzt auch ein anderes Theater die Möglichkeit erhalten sollte, die »Dreigroschenoper« aufzuführen. Wir hatten das Grassi und Strehler zum wiederholten Mal mitgeteilt, es sollte auch darüber gesprochen werden, jedoch zu einem Gespräch kam es sicherlich deshalb nicht, weil Strehler nie entschlossen war und auch (im Grunde bis heute) kein Theater hatte. Jetzt ist die Auf-

regung groß. Er will die »Dreigroschenoper« machen, und Genua hat die Rechte. Daran wird wenig zu ändern sein, obschon ich noch einmal den Versuch machen werde, mit Dr. Chiesa zu telefonieren. (Nachtrag: das Gespräch ist erfolgt, Genua ist entschlossen, die »Dreigroschenoper« aufzuführen).

Ebenfalls noch am Rande waren die Gespräche mit den Brecht-Erben über Robert Voisin, d. h. über die französische Situation der Brecht-Rechte. Eine rasche Einigung während der Anwesenheit von Voisin in Berlin scheiterte am Nein von Stefan Brecht (wie sich hinterher zeigte, war das vielleicht gut).

Wir führten verschiedene Gespräche, Stefan wünschte, ich möchte noch einmal an Barbara alle Gründe schreiben, die für Voisin sprechen, inzwischen überlegten wir aber alle Gallimard als Alternative.

Sonst gab es noch Gespräche mit den Brecht-Erben über Zahlungsvorgänge.

Am Mittwoch nachmittag wurde das Testament eröffnet, es entsprach dem, was erwartet wurde. Alle drei Erben – Stefan Brecht, Barbara Brecht-Schall, Hanne Hiob – sind zu gleichen Teilen mit je einem Drittel an allen Erlösen beteiligt. Da das Testament notariell ausgefertigt wurde, stellen die Behörden der DDR keinen spezifischen Erbschein aus, das ist nicht nötig. Das Testament gilt als Erbschein. Ich habe zwei Exemplare der Sterbeurkunde mitgebracht. Stefan Brecht wird mit einer beglaubigten Abschrift des Testaments auftreten. Wir können danach sowohl an Barbara Brecht-Schall wie an Stefan Brecht jeweils ein Drittel der aufgelaufenen Beträge ausbezahlen.

Noch außerhalb Brecht: Begegnung mit *Manfred Bierwisch*. Wir gingen eine Stunde spazieren. Es war ein überaus aufschlußreiches Gespräch mit dem Thema »Der moderne Wissenschaftler und der Sozialismus der DDR«. Bierwisch hat keine andere Hoffnung als die, daß wir es möglich machen, seine Arbeiten zu veröffentlichen. Er war überaus reizend und liebenswürdig, und im Grunde genommen sollte jeder, der von uns Ost-Berlin besucht, mit ihm zusammenkommen. Seit über zehn Jahren hat Bierwisch keine Möglichkeit, die DDR zu verlassen, auch nicht in Richtung sozialistische Länder.

Wolfgang Harich. Er hat sein Jean Paul-Buch fertig! »Die Revolutionsdichtung Jean Pauls«. Das Manuskript umfaßt 750 Seiten! Ich erklärte ihm sofort, daß das für jeden Verlag in der BRD zuviel sein müsse. Das Interesse habe sich in den letzten Jahren gewandelt und es sei für keinen Verlag in der BRD möglich, dieses Buch in einer größeren Auflage herauszubringen, wenn der Ladenpreis durch diesen Umfang über DM 40,– oder DM 50,– oder gar DM 60,– liegen würde. Ich habe das bei Herrn Harich sehr deutlich gemacht und gesagt, das Maximum sei ein Umfang von 450–480 Seiten. Nur unter dieser Bedingung sei ich bereit, eine Übernahme in den Suhrkamp Verlag zu erwägen. Harich wollte sich eine Kürzung überlegen, und er wollte auch mit dem Akademie Verlag über eine solche gekürzte Ausgabe verhandeln. Ich sagte ihm, daß wir dann gemeinsam mit dem Akademie Verlag den Druck ja vornehmen könnten, d.h., der Akademie Verlag druckt für uns und wir nehmen von ihm die gedruckten Rohbogen. – Sonst nur Freundliches von Herrn Harich, er vermißt den Besuch von Herrn Michel.

Heiner Müller. Ich traf ihn zufällig, und zwar in der vollklimatisierten Vorhalle des Hotels »Stadt Berlin«. Voisin hatte Schwierigkeiten bei der Unterbringung und bei der Stellung von Dolmetschern, nachdem ihm regierungseigene Räume im Hotel zugewiesen wurden.

Heiner Müller war sehr nett. Er erklärte von vornherein, daß die Situation wieder unverändert sei, er hätte jetzt ein Hörspiel seiner Frau umgeschrieben zu einem Sketch. Das würde vielleicht jetzt in der DDR aufgeführt. Freilich hätte Pabel sich dafür schon interessiert, und Henschel hätte wohl die Rechte an den Pabel Verlag geben müssen. Ich sagte Heiner Müller, daß ich das natürlich nicht so angenehm fände, aber er sagte mir, daß das unmöglich für Suhrkamp gewesen sei. Die Stücke, die er schriebe, und die für Suhrkamp geeignet seien, könnten in der gegenwärtigen Zeit einfach nicht gebracht werden.

Aber er möchte gerne Shakespeares »King Lear« übersetzen, und vielleicht sollten wir hier eine vertragliche Vereinbarung mit ihm in Kürze treffen.

Für Herrn Dr. Rach: Es ist wichtig, Heiner Müller in kürzeren Abständen zu besuchen.

Mittwoch, 12. 5.:
Trauerfeier und Beerdigung
Helene Weigels

Ich hatte große Mühe, durch die Sperre am Bahnhof Friedrichstraße zu kommen, aber ich schaffte es sieben Minuten vor elf. Danach blieb die Uhr stehen.

Das Berliner Ensemble war bis zum letzten Platz besetzt. Als Abusch, der Stellvertreter des Vorsitzenden des Ministerrates der DDR, und Kulturminister Gysi eintraten, erhob sich das Auditorium. Die Trauerfeier – hier liegt ein Programm an – begann mit einem Lied der Courage, das Helene Weigel gesungen hat, dann wurden zwei Gedichte für Helene Weigel, die Brecht geschrieben hat, von Ekkehard Schall vorgetragen, danach die Gedenkansprache von Dr. Alexander Abusch, schließlich sang Ernst Busch »Bericht über den Tod eines Genossen«, der Schauspieler Wolfgang Heinz sprach Gedenkworte für Helene Weigel, und schließlich führte Paul Dessau eine neue Komposition für Helene Weigel vor. Ruth Berghaus, die Leiterin des neuen Führungskollektivs des Berliner Ensembles, also designierte Nachfolgerin von Helene Weigel, sprach Schlußworte, »Das Berliner Ensemble an Helene Weigel«. Danach kam – wiederum von der Weigel auf Schallplatte gesungen – das Lied »Lob des Kommunismus«. Wiederum erhob sich das Auditorium. Die Feier war würdig und ohne falschen Zungenschlag und ohne jede Peinlichkeit. Als die Ehrengäste auszogen, sah mich Kulturminister Gysi. Ich begrüßte ihn, er zog mich in das Foyer und regte an, ich möchte doch bald einmal zu einem Besuch zu ihm kommen, er sei für mich immer erreichbar, ja, er wünsche eine Begegnung.

Anschließend eher unwirklicher Empfang in der Kantine des Berliner Ensembles. Ich verließ die Kantine und ging in die Chausseestraße, um dort Stefan Brecht zu sprechen. Er war dort zusammen mit den Sekretariatsdamen Knauf und Pintzka sowie Frau Rechtsanwalt Gentz. Meine Bitte um rasche Voisin-Lösung wurde von Stefan abgelehnt. Frau Gentz machte einen sehr zögernden Eindruck. Um 13.50 Uhr verließen wir die Wohnung und gingen an den direkt anschließenden Friedhof. Dort waren sicherlich an die 500 Leute versammelt, der Sarg war mit einem roten Nelkentuch bedeckt, Angehörige des Berliner Ensembles hielten Ehrenwache. Abusch kam, Gysi kam, Stefan Brecht, der der Trauerfeier im Berliner Ensemble nicht beigewohnt hatte und auch ursprünglich an der Beerdigung gar nicht teilnehmen wollte, kam dann doch mit in seinem olivgrünen Anzug, sein Memorandum für die Mit-Erben in der Tasche. Er weigerte sich, Gysi zu begrüßen. Schließlich stellte er sich dann doch hinter den Sarg, als dieser von Schauspielern getragen wurde. Vor dem Sarg standen FDJ-Leute mit Kränzen der Offiziellen. Ich kann hier noch anmerken, daß der Suhrkamp-Kranz von vielen, jedenfalls von allen, mit denen ich sprach, als der schönste und ungewöhnlichste Kranz bezeichnet wurde. Er war völlig in Lila ge-

halten und Dunkelrot, und seine himmelblaue Schleife mit der dunkelblauen Schrift stach sehr vorteilhaft von dem Rot und Schwarz-Rot-Gold der anderen Schleifen ab. Danach wurde der Sarg ziemlich unkonventionell in die Grube gesenkt, und in einer wirklichen Unform spielte sich die Beerdigung ab. Die Leute traten ans Grab, warfen eine Blume hinunter und verschwanden nach rechts. Barbara, Hanne Hiob und Stefan Brecht waren sofort verschwunden, wie auch die Offiziellen. Ich selber trat mit Elisabeth Hauptmann ans Grab und blieb noch eine halbe Stunde zugegen. Als ich nach einer Stunde wiederkam, waren immer noch Leute (da), die der Weigel ihre Reverenz erwiesen.
Danach Zusammensein mit Stefan Brecht und Barbara Brecht-Schall. Wir vereinbarten, uns am nächsten Tag zu treffen.
Ich hatte dann noch einmal ein ausführliches Gespräch mit *Werner Hecht*. Er erklärte mir seine Arbeit an den »Journalen«. Es gibt zwei Arten von Tagebüchern, die »Arbeitsjournale«, die eher objektiven Charakter haben, und dann die eigentlichen Tagebücher aus der Frühzeit, die nur in Handschriften existieren.
Elisabeth Hauptmann. In zwei Stunden entwickelten wir das Konzept für den Band »Gedichte 10« der alten Ausgabe und für einen Supplement-Band zu der Doppelausgabe. Band 10 der »Gedichte« wird eine Ab(tei)lung enthalten »Nachgelassene Gedichte und Fragmente«: a) neue, d.h. unveröffentlichte, nachgelassene Gedichte und Fragmente und b) in der Werkausgabe veröffentlichte, nachgelassene Gedichte und Fragmente. Teil a) wird als Separat-Druck gebracht, eben als Supplement zur Doppelausgabe. Er enthält ca. 100 Gedichte. Ich habe mit Frau Hauptmann vereinbart, daß die Supplement-Ausgabe dann auch noch einmal ein Gesamtregister enthält, so daß die Gesamtregister der Bände 10 und des Supplementbandes zur Doppelausgabe identisch sind mit Ausnahme der Seitenziffern.
Gegen 20 Uhr verließ ich Ost-Berlin. Ich hatte den Eindruck, zum zweiten Mal geht eine Epoche zu Ende. Das erste Mal war es der Tod Brechts, das zweite Mal der Tod der Weigel.

Donnerstag, 13.5.

Am Übergang hätte ich fast zwei Stunden warten müssen, aber dann kämpfte ich mich durch, und dank eines Offiziers der Volksarmee schaffte ich es in einer halben Stunde. Ich war bei Barbara Brecht angemeldet, wir besprachen finanzielle Dinge, ein Brief für Frau Roser liegt hier an.
Dann kam plötzlich ein Anruf aus dem Ministerratsbüro. Es meldete sich ein Herr Dr. Münzer an, er möchte Frau Barbara Brecht eine Ehrung für Bertolt Brecht und für Helene Weigel mündlich erläutern. Wir waren etwas ratlos, dann aber kam mir ein furchtbarer Verdacht: Ich erinnerte mich an einen einschlägigen Paragraphen in dem DDR-»Gesetz über das Urheberrecht vom 13.9.1965«. Dort heißt es in § 35:
»(1) Der Schutz des Nachlasses bedeutender Schriftsteller, Künstler oder Wissenschaftler kann durch Beschluß des Ministerrates zur Aufgabe der Nation erklärt werden.
(2) In dem Beschluß kann die Wahrnehmung der Urheberrechte an dem Nachlaß einem staatlichen Organ oder einer anderen Institution übertragen werden.
(3) Die vermögensrechtlichen Ansprüche der Erben des Urhebers auf die Erträgnisse aus der Nutzung des Werkes während der Dauer der Schutzfrist bleiben gewahrt.«
Daran dachte ich, und ich sagte auch sofort Barbara, wenn die Leute kämen und ihr diese »Enteignung« eröffneten, müsse sie sofort folgendes erwidern:
1. Es bestehe ein Generalvertrag zwischen den Brecht-Erben und dem Suhrkamp Ver-

lag, der alle künftigen Werke, also auch Tagebücher, Journale und Briefe einschlösse. Dieser Vertrag sei
2. von allen Brecht-Erben unterschrieben, sie verfüge nur über ein Drittel, die anderen beiden Drittel gehörten dem Amerikaner Stefan Brecht und der Österreicherin Hanne Hiob. Und
3. müsse sie erklären, daß von allen Vorlagen im Brecht-Archiv Mikrofilme bestünden, die in Moskau, Zürich, Cambridge und beim Suhrkamp Verlag lägen. Auch der Suhrkamp Verlag hätte Fotokopien aller Unterlagen, so daß eine Publikation jedenfalls immer gesichert sei.
Mittagessen mit Werner Hecht. Ich erzählte Hecht von meiner »Phantasmagorie«. Er hielt es zunächst für unglaubwürdig, aber nach dem Mittagessen wurde auch ihm bange. Ich eilte zu Stefan Brecht und erzählte ihm von meiner »Phantasmagorie«. Um 16 Uhr gingen wir – Stefan und ich – zu Barbara. Um 15 Uhr waren die Herren Münzer und Hoffmann bei ihr gewesen, und sie hatten ihr eröffnet, daß in der Tat das eintreten wird, was ich befürchtet hatte. Der § 35 kam zur Wirkung. Die große Ehrung war die Erklärung, die Angelegenheit Brecht und das Andenken an Helene Weigel zur »Aufgabe der Nation« zu machen. Und das bedeutet, daß den Brecht-Erben sämtliche Verfügungsrechte über die Werke und Aufführungen Brecht in der DDR entzogen werden, daß das Archiv der Akademie der Künste unterstellt wird; die materiellen Einnahmen der Brecht-Erben sollten nicht geschmälert werden, im Gegenteil, sie verbessern sich, denn Helene Weigel, die auf Fortführung des Archivs in privater Hand gekämpft hatte (am Vortage hatte Abusch noch verkündet, »wir wollen es so machen wie die Genossin Volksschauspielerin es gewünscht hatte«), hatte verfügt, daß die Erben einen Teil, und zwar 70 %, aller DDR-Einnahmen zu Gunsten des Archivs verwenden, d.h., sie sollten darauf verzichten. Und während die Erben also noch stritten, wer Leiter des Archivs werden sollte, wie man das wohl am besten organisatorisch löste, machte die DDR-Regierung dies zur »Aufgabe der Nation«. Das Brecht-Archiv hat einen Wert von ca. 15–20 Millionen Mark. Dr. Zeller hatte mir einmal erklärt, er würde unumwunden dafür 15 Millionen aufbringen, aber der Gedanke, es in den Westen zu bringen, war immer utopisch. Jetzt ist das nun einwandfrei geklärt. Barbara Brecht erzählte mir, daß die Abgesandten der DDR-Regierung ihr ausdrücklich erklärt hätten, daß sie die bestehenden Verträge zwischen dem Suhrkamp Verlag und den Brecht-Erben respektieren und respektieren werden und daß sie ebenso respektieren und respektieren werden die Lizenzverträge, die der Suhrkamp Verlag mit den Verlagen der DDR geschlossen hat, es sei denn, der Suhrkamp Verlag verbiete Ausgaben in der DDR, dann würde die »Enteignung« auch für diesen Punkt eintreten.
Es ist klar, daß das eine doppelte Seite besitzt. Einerseits liegt in dieser »Bestätigung« der DDR-Regierung unseres Generalvertrages eine nahezu Unkündbarkeit und Unlösbarkeit unseres Vertrages von seiten der Brecht-Erben vor. Diese können es sich nicht leisten, den Vertrag mit (dem) Suhrkamp Verlag zu kündigen, denn dadurch würden die Vertragsbeziehungen frei und die DDR käme in die Möglichkeit, die Brecht-Rechte disponieren zu können. Das eben hatte Brecht mit seiner Entscheidung aus dem Jahre 1950 (Brief an Peter Suhrkamp vom 21.5.1950: »Natürlich möchte ich unter allen Umständen in dem Verlag sein, den Sie leiten.« Aus: Briefwechsel Hermann Hesse / Peter Suhrkamp, S. 463) verhindern wollen. Diese Weisheit Brechts zahlt sich nun aus, nachdem das Werk Brechts zur »Aufgabe der Nation« geworden ist. Dadurch ist es heute doch frei.
Die Situation war ungeheuer aufregend. Barbara Brecht im Bett liegend, (...) gegen

eine Gelbsucht ankämpfend (...). Stefan Brecht (...) wirkte reduziert. Er faßte die Enteignung einfach nicht. Ich machte ihm Vorschläge und sagte ihm, daß er am besten zusammen mit Hanne Hiob protestieren müsse, und regte an, daß er von München aus ein Telegramm an den Ministerrat richten sollte, mit etwa folgendem Inhalt: »Legen förmlichen Widerspruch ein gegen Beschlüsse des Ministerrates in Sachen Brecht. Stefan Brecht – Hanne Hiob«.
Ich sagte den Brecht-Erben, daß ich eine eher neutrale Meldung formulieren wollte. Wir geben damit Peitsche und Zuckerbrot, und das würde bedeuten, daß sich die Verhandlungsaussichten für Barbara Brecht (Entschädigung für die Enteignung; die Brecht-Erben haben immerhin 2 Millionen Ost-Mark und eine halbe Million West-Mark in das Archiv gesteckt; Barbara Brecht sollte Leiterin des Archivs werden; Sicherung der Übersendung aller neuen Manuskripte an den Suhrkamp Verlag etc.) verbesserten. Ungeheuer merkwürdige Situation: plötzlich wurden alle Mitarbeiter, die bisher als loyal und integer galten, verdächtigt. Frau Pintzka, die langjährige Sekretärin von Helene Weigel, die im Auftrag von Helene Weigel die »Arbeitsjournale« abschrieb: plötzlich war sie Ehefrau von Herrn Pintzka, jenes Genossen, der im Berliner Ensemble der Parteiführung angehörte und der wahrscheinlich von der Enteignung wußte, weil er die ganze Versiegelung der Weigel'schen Direktoratsräume verfügte. Ich sprach mit Barbara und Stefan über meine bevorstehende Abreise nach New York. Innerhalb von zehn Tagen würde jetzt nichts mehr entschieden, die Ausführungsbestimmungen würden auf sich warten lassen, ich sei jedoch, wenn Stefan Brecht mich über Fräulein Geisler riefe, jederzeit bereit, zurückzukommen.
Ich ging dann über die Grenze, mit sehr gemischten Gefühlen und wahrscheinlich schon beobachtet. Drüben traf ich noch kurz Uwe Johnson, mit ihm formulierte ich die Pressemeldung des Suhrkamp Verlages, die dann nach dem Gespräch mit meinen Mitarbeitern am Abend desselben Tages wie folgt formuliert wurde:

Der Suhrkamp Verlag gibt aus Anlaß der Meldungen aus der DDR bekannt:
1. Die Publikationen, Aufführungen und Sendungen der Werke Bertolt Brechts in der Bundesrepublik, in West-Berlin und im westlichen Ausland werden unverändert in verlegerischer Verantwortung des Suhrkamp Verlages Frankfurt am Main fortgeführt werden.
2. Anläßlich der Beschlüsse des Ministerrats der DDR über das Werk Bertolt Brechts in der DDR bestätigte die Regierung der DDR ausdrücklich, daß sie den zwischen dem Suhrkamp Verlag und den Brecht-Erben bestehenden Generalvertrag und die zwischen dem Suhrkamp Verlag und den Verlagen der DDR bestehenden Lizenzverträge respektiert und respektieren wird.
3. Als nächstes bisher unveröffentlichtes Werk Bertolt Brechts aus dem Nachlaß werden zum Datum des 75. Geburtstages die »Arbeitsjournale« Brechts im Suhrkamp Verlag erscheinen.
Abends Mitarbeiter-Konferenz: Helene Ritzerfeld, Renate Roske, Burgel Geisler. Wir besprachen die Presse-Strategie der nächsten Tage. Es war wirklich so: eine Epoche geht zu Ende.

ANMERKUNGEN

Detlev Schöttker, geb. 1954 in Vienenburg/Harzvorland, Professor für Neuere deutsche Literatur an der TU Dresden. Zuletzt erschien die kommentierte Edition »Im Haus der Briefe. Autoren schreiben Ernst Jünger 1945–1991« (hg. 2010 unter Mitarbeit von Anja S. Hübner). Siehe auch Sinn und Form 3/2009 und 4/2010.
Anja S. Hübner, geb. 1977 in Erfurt, Doktorandin an der TU Dresden, lebt als Sprachtutorin in Hamburg.
Der Briefwechsel zwischen Ernst Jünger (1895–1998) und Dolf Sternberger (1907–1989) befindet sich im Deutschen Literaturarchiv in Marbach. Schreibeigentümlichkeiten wurden beibehalten, offensichtliche Fehler stillschweigend verbessert. Für die Genehmigung zum Abdruck der Briefe danken wir Martin Jünger (für die Erben Ernst Jüngers) und Klaus Landfried (für die Dolf-Sternberger-Gesellschaft), für Hilfe und Hinweise den Mitarbeitern der Handschriften-Abteilung im Deutschen Literaturarchiv sowie Nicolai Riedel (Marbach) und William Dodd (Birmingham). – Abkürzung in den Kommentaren: SW (mit Band- und Seitenzahl) = Ernst Jünger, Sämtliche Werke. 22 Bde. Stuttgart: Klett-Cotta 1978–2003.

Klaus Demus, geb. 1927 in Wien, Lyriker und Kunsthistoriker, lebt in Wien. 2008 erschien der Gedichtband »Die Zeiten des Jahrs«, 2009 der Briefwechsel mit Paul Celan (gemeinsam mit Nani Demus). Das Gespräch wurde im Dezember 2010 in Wien geführt. Siehe auch Sinn und Form 4/2007.

Sebastian Kleinschmidt, geb. 1948 in Schwerin, seit 1991 Chefredakteur von Sinn und Form, lebt in Berlin. 2008 erschienen »Gegenüberglück. Essays« und »Requiem für einen Hund« (mit Daniel Kehlmann). Siehe auch Sinn und Form 2/2011 und 3/2011.

Julia Schoch, geb. 1974 in Bad Saarow, Schriftstellerin und Übersetzerin, lebt in Potsdam. Zuletzt erschienen die Romane »Verabredungen mit Mattok« (2004) und »Mit der Geschwindigkeit des Sommers« (2009).

Doris Liebermann, geb. 1953 in Leimried/Thüringen, Journalistin und Autorin, lebt in Berlin. Zuletzt erschien »Die Umerziehung der Vögel – Ein Malerleben« (mit Hans-Hendrik Grimmling, 2008).

Vera Lourié (1901–1998). Der Nachlaß der Autorin befindet sich im Literaturarchiv der Akademie der Künste. Das Typoskript der hier in Auswahl abgedruckten Erinnerungen trägt die Signatur Vera-Lourié-Archiv 43. Offensichtliche Fehler wurden stillschweigend korrigiert.

Ulrich Schacht, geb. 1951 in Stollberg/Sachsen, lebt in Schweden. Jüngste Veröffentlichungen: »Bildnis eines venezianischen Mönchs. Eine Liebesgeschichte« (2007), »Vereister Sommer. Auf der Suche nach meinem russischen Vater« (2011). Siehe auch Sinn und Form 1/2008 und 2/2010.

Zygmunt Bauman, geb. 1925 in Poznań (Posen), Soziologe und Philosoph, lebt in Leeds. Auf deutsch erschienen zuletzt »Gemeinschaften«, »Leben als Konsum« und »Wir Lebenskünstler« (alle 2009). Siehe auch Sinn und Form 4/1992.
Jochen Rack, geb. 1963 in Erding, freier Autor und Kritiker, Mitarbeiter des Bayerischen Rundfunks, lebt in München. 2010 erschien sein Roman »Menschliches Versagen«. Das Gespräch wurde im 2010 in Leeds geführt. Siehe auch Sinn und Form 4/2008 und 5/2010.

Wolfgang Braungart, geb. 1956 in Schwäbisch Gmünd, Professor für Allgemeine Literaturwissenschaft und Neuere deutsche Literatur an der Universität Bielefeld. Stark überarbeitete Fassung eines Vortrags auf dem Kongreß des Internationalen Germanistenverbandes im Sommer 2010 in Warschau. Für Anregungen aus Gesprächen und Veröffentlichungen dankt der Verfasser Friedmar Apel, Karl Heinz Bohrer, Thomas Buchheim, Richard Faber, Manfred Frank, Manfred Fuhrmann, Vittorio Hösle, Manfred Koch, Gerhard Kurz, Hermann Kurzke, Richard Littlejohns, Paul Michael Lützeler, Hans-Joachim Mähl, Stefan Matuschek, Walter Moser, Jutta Osinski, Dirk von Petersdorff, Gerhard Schulz, Ludwig Stockinger, Herbert Uerlings, Wilhelm Voßkamp und Silvio Vietta. Zitiert wird nach der kritischen Novalis-Ausgabe, hg. von Richard Samuel, Hans-Joachim Mähl und Gerhard Schulz.

Michael Krüger, geb. 1943 in Wittgendorf/Sachsen, Mitglied der Akademie der Künste, Leiter des Carl Hanser Literaturverlags, Herausgeber der Zeitschrift »Akzente«. Zuletzt erschienen »Schritte, Schatten, Tage, Grenzen. Gedichte 1976–2008« (2008) und »Ins Reine. Gedichte« (2010). Laudatio zur Verleihung des Prix de l'Académie de Berlin am 30. November 2010 in der Akademie der Künste. Siehe auch Sinn und Form 6/2008 und 6/2009.

Siegfried Unseld (1924–2002), ab 1959 Leiter des Suhrkamp Verlags. Zuletzt erschienen der Briefwechsel mit Thomas Bernhard (2009) und »Chronik. Band 1: 1970« (2010). Der zweite, das Jahr 1971 umfassende Band erscheint im Herbst 2011 (hg. von Ulrike Anders, Raimund Fellinger und Katharina Karduck). Siehe auch Sinn und Form 4/2010.

Alle Beiträge sind, soweit nicht anders angegeben,
Erstveröffentlichungen oder Erstübersetzungen.

EINGESANDTE BÜCHER

Beat Wyss, Nach den großen Erzählungen. Suhrkamp Verlag, Frankfurt am Main
Siegfried Kracauer, Geschichte – Vor den letzten Dingen. Herausgegeben von Ingrid Belke. Suhrkamp Verlag, Frankfurt am Main
Hans-Dieter Schütt, Glücklich beschädigt. Republikflucht nach dem Ende der DDR. WJS Verlag, Berlin
Grundbegriffe der europäischen Geistesgeschichte. Wahrheit, Krieg, Freiheit, Arbeit, Gerechtigkeit, Macht, Tod, Eros, Schönheit, Glück. Herausgegeben von Konrad Paul Liessmann. Facultas Verlags- und Buchhandels AG, Wien
Bundesrepublik und DDR. Die Debatte um Hans-Ulrich Wehlers »Deutsche Gesellschaftsgeschichte«. Herausgegeben von Patrick Bahners und Alexander Cammann. Verlag C.H. Beck, München
Thomas Bernhard, Siegfried Unseld, Der Briefwechsel. Herausgegeben von Raimund Fellinger, Martin Huber und Julia Ketterer. Suhrkamp Verlag, Frankfurt am Main
Roman Grafe (Hg.), Die Schuld der Mitläufer. Anpassen oder Widerstehen in der DDR. Pantheon Verlag, München
Wolfgang Martynkewicz, Salon Deutschland. Geist und Macht 1900–1945. Aufbau Verlag, Berlin
Georges Simenon, Sämtliche Maigret-Geschichten. Diogenes Verlag, Zürich
Norbert Hummelt, Klaus Siblewski, Wie Gedichte entstehen. Luchterhand Literaturverlag, München
Widerstand des Textes. Politisch-ästhetische Ortsbestimmungen. Herausgegeben von Wilfried F. Schoeller und Herbert Wiesner. Matthes & Seitz Berlin
Katharina Hacker, Alix, Anton und die anderen. Suhrkamp Verlag, Frankfurt am Main
Ross King, Machiavelli. Philosoph der Macht, Knaus Verlag, München
John Burnside, Glister. Roman, Knaus Verlag, München
Weltreligionen. Verstehen, Verständigung, Verantwortung. Herausgegeben von Karl Kardinal Lehmann. Verlag der Weltreligionen, Frankfurt am Main und Leipzig
Wolfgang Büscher, Asiatische Absencen. Rowohlt Taschenbuch Verlag, Reinbek bei Hamburg
Anne Weber, Luft und Liebe. S. Fischer Verlag, Frankfurt am Main
Bernd Stiegler, Reisender Stillstand. Eine kleine Geschichte der Reisen im und um das Zimmer herum. S. Fischer Verlag, Frankfurt am Main
Benjamin Stein, Die Leinwand. Roman. München, Verlag C.H. Beck
J.M. Coetzee, Sommer des Lebens. Roman. S. Fischer Verlag, Frankfurt am Main,
Uwe Schütte, Auf der Spur der Vergessenen. Gerhard Roth und seine Archive des Schweigens, Böhlau Verlag, Wien, Köln, Weimar
Peter Schäfer, Judenhaß und Judenfurcht. Die Entstehung des Antisemitismus in der Antike. Verlag der Weltreligionen, Berlin
Gerhard Kaiser, Hans-Peter Mathys, Das Buch Hiob. Dichtung als Theologie. Verlag der Weltreligionen, Berlin
Mechthild von Magdeburg, Das fließende Licht der Gottheit. Verlag der Weltreligionen, Berlin

Durs Grünbein, Vom Stellenwert der Worte. Frankfurter Poetikvorlesung 2009. Suhrkamp Verlag, Berlin
Ludwig Verbeek, Die Währung der Wörter. Gedichte. Horlemann Verlag, Bad Honnef
Hugo Dittberner, Das See-Vokabularium. Wallstein Verlag, Göttingen
Katja Oskamp, Hellersdorfer Perle. Eichborn Verlag, Frankfurt am Main
Martin Walser, Leben und Schreiben. Tagebücher 1974–1978. Rowohlt Verlag, Reinbek bei Hamburg
Anke Stelling, Horchen. S. Fischer Verlag, Frankfurt am Main
Leonhard Lorek, Daneben liegen. Verbrecher Verlag, Berlin
Alfred Döblin, »Meine Adresse ist: Saargemünd«. Spurensuche in einer Grenzregion. Zusammengestellt und kommentiert von Ralph Schock. Gollenstein Verlag, Merzig
Albert Vigoleis Thelen, Die Literatur in der Fremde. Literaturkritiken. Weidle Verlag, Bonn
D.H. Lawrence, Vögel, Blumen und wilde Tiere. Gedichte. Weidle Verlag, Bonn
Jürgen Große, Ernstfall Nietzsche. Debatten vor und nach 1989. Aisthesis Verlag, Bielefeld
Mark Twain, Post aus Hawaii. mareverlag, Hamburg
Hans-Ulrich Treichel, Grunewaldsee. Suhrkamp Verlag, Berlin
Victor Hugo, Der Rhein. Insel Verlag, Berlin
Jochen Voit, Er rührte an den Schlaf der Welt. Ernst Busch. Die Biographie. Aufbau Verlag, Berlin
Anne Dorn, Spiegelungen. Dittrich Verlag, Berlin
Georg Kreisler, Zufällig in San Francisco. Unbeabsichtigte Gedichte. Verbrecher Verlag, Berlin
Markus Gasser, Das Königreich im Meer. Daniel Kehlmanns Geheimnis. Wallstein Verlag, Göttingen
Peter O. Chotjewitz, Fast letzte Erzählungen 3 und 4. Verbrecher Verlag, Berlin
Arthur Schopenhauer, Senilia. Gedanken im Alter. Herausgegeben von Franco Volpi und Ernst Ziegler. Verlag C.H. Beck, München
Über Glück und Unglück des Alters. Herausgegeben von Friedrich Wilhelm Graf. Verlag C.H. Beck, München
Fernando Pessoa, Genie und Wahnsinn. Schriften zu einer intellektuellen Biographie. Ammann Verlag, Zürich
Charlotte Grasnick, So nackt an dich gewendet. Gesammelte Gedichte. Mit 19 Zeichnungen von Dieter Goltzsche. Herausgegeben und mit einem Nachwort versehen von Benjamin Stein. Verbrecher Verlag, Berlin
John Irving, Letzte Nacht in Twisted River. Diogenes Verlag, Zürich
Gerhard L. Müller, Dietrich Bonhoeffer begegnen. Sankt Ulrich Verlag, Augsburg
Heide Helwig, Johann Peter Hebel. Biographie. Carl Hanser Verlag, München
Robert Harrison, Gärten. Carl Hanser Verlag, München
Ernst Osterkamp, Poesie der leeren Mitte. Stefan Georges Neues Reich. Carl Hanser Verlag, München
Susan Sontag, Wiedergeboren. Tagebücher 1947–1963. Carl Hanser Verlag, München
Albert von Schirnding, Vorläufige Ankunft. Langewiesche-Brandt, Ebenhausen bei München

»Deutschland hat zwei und nur zwei in sich notwendige Kulturzeitschriften: für die Atlantiker und für die begriffsscharfen Intellektuellen gibt es den sozusagen kantianischen ›Merkur‹. Für die Mitteleuropäer und jene, die von der Dichtung und vom Wort her denken, gibt es ›Sinn und Form‹, die Zeitschrift, die sich auf Hamann und Herder als ihre Paten berufen könnte.«
Lorenz Jäger, Frankfurter Allgemeine Zeitung

»Heute ist Sinn und Form die mit Abstand gelungenste deutschsprachige Kulturzeitschrift, in der die national wie international begehrtesten Autoren schreiben und bemerkenswerte Fundstücke der Geistesgeschichte auftauchen.« *Alexander Cammann, Die Zeit*

»Die wichtigste deutsche Literaturzeitschrift wird sechzig. ... Es muß in einer Gesellschaft Inseln des Geistes geben, denn ohne sie erführe das Festland nicht, daß es selbst nur eine Insel ist, die in der Gefahr der gänzlichen Verödung steht.« *Gunnar Decker, Neues Deutschland*

»SINN UND FORM
ist eine Enklave der alten Kultur des Wortes.«
Adam Krzemiński, Twórczość

Bitte ausschneiden und im Briefumschlag schicken an:

tableau Zeitschriftenservice
Greifswalder Straße 9

10405 Berlin

Absender:

Name: ______________________________

Straße: ______________________________

PLZ/Ort: ______________________________